LA RÉPUBLIQUE

CONDITIONS DE LA RÉGÉNÉRATION DE LA FRANCE

PAR

EDGAR QUINET

PARIS
E. DENTU, LIBRAIRE-ÉDITEUR
PALAIS-ROYAL, 17-19, GALERIE D'ORLÉANS

1872

LA

RÉPUBLIQUE

ŒUVRES DE EDGAR QUINET.

Le Siége de Paris et la Défense nationale. In-18, 1 fr. — Librairie internationale.

Œuvres complètes. 11 volumes grand in-8, 55 francs. Format in-18, 27 fr. 50. — Pagnerre, éditeur, rue de Seine, 18, Paris.

Tome I.—Génie des religions, 5e édit.—Origine des Dieux, 3e éd.

Tome II. — Les Jésuites, 9e édition. — L'Ultramontanisme, 4e édition. — Philosophie de l'histoire de l'humanité, 4e édition. — Essai sur les œuvres de Herder, 4e édition.

Tome III. — Le Christianisme et la Révolution française, 4e édition.— Examen de la vie de Jésus-Christ, 4e édition. — Philosophie de l'histoire de France, 4e édition.

Tome IV. — Les Révolutions d'Italie, 4e édition.

Tome V. — Marnix de Sainte-Aldegonde. Fondation de la République des Provinces-Unies, 4e édition. — La Grèce moderne, 3e édition.

Tome VI. — Les Roumains, 3e édition. — Allemagne et Italie, 3e édition. — Mélanges, 3e édition.

Tome VII. — Ahasvérus, 4e édition.

Tome VIII. — Prométhée, 3e édition. — Napoléon, 3e édition. — Les Esclaves, 3e édition.

Tome IX. — Mes Vacances en Espagne, 3e édition. — Histoire de la Poésie, 3e édition. — Epopées françaises inédites du douzième siècle, 3e édition.

Tome X. — Histoire de mes Idées, 2e édition. — 1815 et 1840. — Avertissement au pays. — La France et la Sainte-Alliance. — Œuvres diverses, 3e édition.

Tome XI. — Enseignement du Peuple. — La Révolution religieuse au dix-neuvième siècle. — La Croisade romaine. — L'Etat de siége.— La Mort de la conscience humaine.—Le Réveil d'un grand peuple.— Le Panthéon.— Aux Paysans.

Merlin l'Enchanteur. 2 vol. in-8, 15 francs. — Michel Lévy frères, éditeurs.

Histoire de la Campagne de 1815. 3e édition. 1 vol. in-8, 7 fr. 50. — Michel Lévy frères, éditeurs.

Pologne et Rome. In-8.— Dentu, libr.-éditeur, Palais-Royal.

La Révolution. 2 forts volumes in-8, 5e édition, 15 francs. — 2 forts volumes in-18, 5e édit., 7 fr. — Librairie internationale.

Critique de la Révolution. In-18, 1 fr.—Libr. Internationale.

France et Allemagne. In-18, 1 fr.— Librairie Internationale.

France et Italie. In-8, 1 fr. — Librairie Internationale.

L'Expédition du Mexique In 18, 1 fr.—Libr. Internationale.

Idées sur la philosophie de l'Histoire de l'Humanité, par Herder. Trad. E. Quinet, 3 vol. in-8. — Levrault, éditeur.

La Création. 2 vol. in-8, 10 fr., 2e édit.—Librairie Internationale.

OUVRAGES DE Mme EDGAR QUINET.

Mémoires d'exil (Bruxelles-Oberland). 1 vol. in-18, 3 fr. 50.— Librairie Internationale.

Mémoires d'exil (L'Amnistie. — Suisse orientale. — Bords du Léman). 1 fort vol. in-18, 3 fr. 50. — Armand Le Chevalier, éditeur, rue de Richelieu.

LA

RÉPUBLIQUE

CONDITIONS
DE LA
RÉGÉNÉRATION DE LA FRANCE

PAR

EDGAR QUINET

PARIS

E. DENTU, LIBRAIRE-ÉDITEUR

PALAIS-ROYAL, 17-19, GALERIE D'ORLÉANS

1872

Paris. — Imprimé chez Alcan-Lévy

61, *rue de Lafayette*

A MES LECTEURS.

I

Si je suis quelque chose, je suis un esprit de liberté; c'est encore un livre de liberté que je vous adresse. Chacune de ses pages a été écrite dans une heure de lutte. A mesure que les questions se posaient devant nous, je cherchais en chacune d'elles le principe vital où nous pouvons trouver le repos et la durée.

Faisons de la tactique tant que nous voudrons. Louvoyons, carguons les voiles, en attendant le bon vent; après cela, il faut bien

**

savoir où nous prétendons aller. C'est ce que j'ai cherché à établir ici.

La France a toujours été pleine d'amateurs et de dilettantes du bien public, qui, tant qu'ils sont en esclavage, vantent la liberté. Dès qu'ils la rencontrent, ils la maudissent. Ils voudraient la punir comme d'une trahison, de ce qu'elle ressemble si peu à l'idée qu'ils s'en faisaient.

Pour se venger, ils se rengagent aussitôt dans le vieil esclavage.

Ne nous étonnons pas si le peuple fait aujourd'hui des progrès que ne peuvent faire encore les classes dites supérieures. Il a conservé l'instinct, et il le suit. Au contraire, des gens qui se croient plus éclairés se servent de leurs demi-lumières pour fortifier leurs préjugés et augmenter leur aveuglement.

Nous savions bien que le vieil homme a peine à se transformer. Nous le savons mieux aujourd'hui. Que de cris, que de grincements de dents quand il s'agit de faire un seul pas dans le bien et dans le vrai !

Il paraît que c'est là une affreuse douleur, quand on a vécu dans le faux ou dans le mal.

Que d'âmes mortes déjà et encore toutes frémissantes de colères et de haines !

Elles sont mortes, et elles ont encore la force de maudire tout ce qui vit.

Que pouvons-nous faire à cela? Devons-nous, pouvons-nous, par complaisance pour elles et par camaraderie, nous rengager avec elles dans la mort? Non, nous devons les convier à vivre, à penser, à ouvrir les yeux à la lumière du jour.

Mais comment leur parler?

Puisqu'il ne faut jamais désespérer d'une portion quelconque de l'espèce humaine, je me demande quels actes, quelles paroles, quelles pensées il faudrait pour rendre la vie, le ressort, à des âmes éteintes?

Que faudrait-il pour les remettre dans le

chemin des peuples vivants? Quel mot prononcer? Bonté? Cela paraîtrait sottise. Pitié? Ils deviendraient plus durs. Générosité? Ils croiraient qu'on a peur; leur dureté deviendrait insolence. Vérité? Elle s'appellerait duperie. Sacrifice à une grande cause? Stupidité. Instinct de ce qui est beau? Niaiserie. Amour? Oh! quel fou rire! Non pas, mais haine, haine, haine! Quel langage faut-il donc prendre? Dites-le-moi si vous le savez.

La société française est une démocratie. Voilà ce que personne ne conteste. C'est notre axiôme politique. Mais si quelqu'un propose de passer du principe à l'action, et d'organiser démocratiquement une société que l'on avoue démocratique, il scandalise. Les plus *sages* se signent des deux mains.

Un jour viendra pour notre postérité où l'ardeur de la lutte aura cessé. Alors on verra clairement qu'à aucune époque du monde le combat n'a été ainsi engagé entre l'ombre et la chose.

Les spectres de royauté qui renaissent autour de nous sont les compagnons ordinaires des défaites de la France. Ils ont toujours apparu dans nos désastres; plus hardis à mesure que la France est restée plus navrée sur le champ de bataille. Si elle pouvait être enterrée vivante, ils règneraient.

Quelques-uns nous disent : « Appuyez-vous davantage sur le catholicisme romain, c'est une question d'État. » Oui, mes amis, suivons ce bon conseil. Appuyons-nous sur la pointe nue de la bonne épée de saint Pierre fraîchement aiguisée. Sept pouces de ce fer sacré dans la poitrine, nous voilà sérieusement établis et pour l'éternité.

Soyons conciliants. Oui, sans doute, mais conciliants dans la sincérité, non dans la duplicité. Ne nous faisons pas un devoir d'être trompés. Rien ne déshonore l'honnêteté autant que la duperie. « Le nom de niais est toujours, dans ma bouche, un brevet d'honnête homme, » disait le grand Napoléon. Ne lui donnons pas raison en cela.

Que nous enseigne le catéchisme auquel nous renvoient perpétuellement nos adversaires? Il nous apprend qu'il ne suffit pas de dire dans la synagogue : Seigneur! Seigneur! du bout des lèvres. Il veut encore des œuvres efficaces. De même, il ne suffit pas de dire devant le suffrage universel, au jour de l'élection : République! République! en pliant un genou. Nous demandons, comme le catéchisme, des actes, des œuvres conformes aux paroles.

Remarquez, je vous prie, que si la langue française s'altère et se dénature, c'est par l'œuvre des prétendus conservateurs. Pour des pensées obliques, ils ont besoin de tours obliques. Il leur faut changer le sens des mots. Si je veux retrouver la signification vraie de tant de paroles détournées (modération, conservation, essai loyal, etc.), c'est au peuple que je dois m'adresser. C'est lui qui conserve dans sa bouche le vocabulaire que détruisent les conservateurs.

II

Parmi les projets que l'on annonce, il en est qui touchent aux parties vives de la Constitution. Ils menacent de tout trancher à la dérobée. J'en dirai ici quelques mots.

On propose de faire du droit de voter une obligation stricte. Condamner à l'amende l'homme qui refuse de donner son suffrage, où cela mène-t-il? Solon ne permettait pas qu'on s'abstînt dans les luttes civiles. Mais en France, que produirait ce retour à la haute antiquité? Chez nous, l'homme qui s'abstient n'est pas toujours un indifférent. Le plus souvent, il craint de laisser voir ce qu'il pense ; car il se sent encore sous une domination séculaire.

Parler, voter selon sa conscience, est un péril. Ouvrier, il perdra ses riches clients ; paysan, on lui retranchera son bail.

Le voilà, pour un bulletin, sur la paille, lui, sa femme, ses enfants. Dans ce péril, il s'abstient et il sauve à la fois sa famille et sa conscience.

Ce même homme, dans cette terrible alternative, si vous l'obligez de voter, la loi ou le couteau sur la gorge, il votera contre sa pensée, comme le lui ordonnent ceux dont il dépend, c'est-à-dire le curé d'abord, puis le grand propriétaire, le riche, qui le tiennent dans leurs mains. Ainsi vous n'aurez servi qu'à violenter sa pensée. Il donnera son suffrage pour avoir la vie sauve. Vous l'aurez du même coup asservi et avili ; est-ce là ce que vous voulez ?

Avant d'obliger les pauvres de voter, sous peine de prison ou d'amende, songez d'abord à empêcher que leurs votes ne puissent être pour eux une ruine dans la ruine.

Quoi! vous voulez les contraindre d'user de leurs droits; et si ce droit, qui est un *jeu pour vous*, est *la mort* pour eux? Délivrez-les de la peur; sinon, laissez s'abstenir ceux qui ne se sentent pas libres d'opter.

J'ai observé la France à ce point de vue, et je reste persuadé que l'ignorance dont tout le monde parle n'est pas le plus grand de nos maux. Il faut y ajouter la peur séculaire qui pèse sur l'homme des campagnes. Son vote est bien loin d'exprimer toujours sa pensée. J'ai voulu voir de près, dans les cantons les plus reculés de France, ce paysan qu'à la couleur de son suffrage on croit dévoué au passé. Il n'est pas facile d'atteindre à sa pensée intime. C'est comme le cœur du rocher qui se cache sous des altérations superficielles. Quand j'avais obtenu sa confiance, j'arrivais à une découverte étrange.

Les portes bien closes, après avoir regardé longtemps autour de lui, ce même homme, qui peut-être venait de voter pour les ténèbres, laissait échapper son secret. Sous le fils du chouan se trouvait l'âme de la Révolution. Quels aveux ! Quel sentiment de l'oppression sous laquelle il a toujours vécu ! Quel ressentiment de l'injure ! Quelle incrédulité en matière d'émancipation ! Il la veut, il l'appelle au dedans, il y touche, et pourtant il a peine à y croire. Je sentais en lui non-seulement l'oppression de nos jours, mais l'oppression des siècles. Il avouait à la fois sa dépendance et l'aversion de cet état.

Vous qui comptez aveuglément sur son ignorance, qu'auriez-vous dit des lueurs que projetait alors cette pauvre âme et des cris qui s'en échappaient comme de dessous terre et contre vous ! Mais à peine avait-il révélé le fond de sa conscience, il en était épouvanté. Il regardait effaré par la fenêtre ; il ouvrait la porte, il cherchait autour de lui pour s'assurer que les murailles n'avaient pas entendu. Voilà l'homme que le moyen âge et la nation monacale nous ont fait. Et c'est lui que vous voulez contraindre d'apporter publiquement son opinion dans l'urne? Laissez-lui au moins le refuge du silence.

Qu'avez-vous fait pour rassurer cet esprit affolé de terreur? Il s'agit de la faire disparaître et non de l'exploiter.

Il a peur de dire sa pensée. Bien plus, il a peur de penser. Toute l'éducation qu'il a reçue l'a conduit à cette conclusion. Il est dangereux pour lui de se sentir homme, surtout de le paraître.

Inconvénient du renouvellement partiel des Assemblées. On joue avec l'opinion publique. On ôte à l'élection son sens, qui est d'agir sur la majorité et par elle sur les lois. Vous interrogez la nation et sa réponse est comme si elle n'était pas. Vous produisez un mouvement qui ne peut aboutir. L'élection devient une cause sans effet. A un grand mal vous apportez un remède impuissant. On agite sans agir. Plus le mal est flagrant, plus on se garde de le guérir.

Amusons le malade, ne risquons pas de le sauver.

Cela peut se faire impunément dans une nation prospère qui se renouvelle par ses anciennes lois, et chez laquelle le bien est la tradition des ancêtres. Mais dans une nation qu'il s'agit de tirer de l'abîme ! Un pareil jeu ! Une chance si prolongée donnée au mal ! Y pensez-vous ?

La perpétuité de la même Assemblée conduit assez naturellement à la présidence à vie. C'est le Premier Consul qui ramène après lui l'Empire. Donnez ce titre à un prince, vous avez refait la royauté sans paraître rien déplacer. C'est une malheureuse nation condamnée au cercle éternel des mêmes servitudes. Sur cette roue d'Ixion, elle ne peut s'arrêter et se reposer que dans le désespoir.

L'équilibre se fera, dit-on, au moyen de deux Assemblées. Solution illusoire. Chez nous, une Assemblée a servi le plus souvent à livrer l'autre, témoin le conseil des Anciens qui a trahi le conseil des Cinq-Cents.

C'est par cet équilibre qu'a été étouffée la liberté. Ce souvenir pèse sur le système des deux Chambres. Il n'a préservé ni la république, ni la royauté, ni la liberté, ni l'ordre. Dans tous les cas, est-il sage de commencer par une machine si compliquée, qui offre tant de place à la mauvaise foi, à l'artifice? Faisons d'abord un établissement simple. Vous songerez plus tard aux combinaisons subtiles.

Lois de colère, lois éphémères. Tu veux que ta raison devienne la règle des choses humaines. Parle donc un moment, s'il se peut, sans fureur.

La folie n'est pas seulement chez l'individu, elle peut se trouver aussi chez des hommes réunis en corps. Il y a la folie des bacchantes religieuses. Défie-toi de la folie légiférante, décrétante.

III

En France, l'iniquité est plus odieuse qu'ailleurs, plus insultante et par conséquent mieux faite pour provoquer les révolutions. Pourquoi ? C'est que toute iniquité se commet, chez nous, au nom de la liberté et du bon ordre.

Rien ne bouleverse tant la nature humaine que de lui jeter si ouvertement le défi. Je suis bien moins blessé, dans mon caractère d'homme, quand je vois une mauvaise action commise au nom du bon plaisir. Cela est logique. Mais le souverain mal qui procède au nom du souverain bien, du droit, du juste! Oh! non! plutôt que j'assiste à ce spectacle, ramenez-moi aux carrières.

Admirez la puissance de renaissance que l'esprit de servitude conserve chez nous. Un jour vient où l'esprit moderne semble enfin s'établir et régner. Nul ne songe à contester une victoire si éclatante. Le lendemain, un petit souffle passe; il est froid, il est tremblant; il vient on ne sait d'où. Le second jour le voilà maître. Il arrête la vie. Quiconque le combat est un homme dangereux.

J'ai vu pendant vingt ans des hommes ployés jusqu'à terre sous le plus vil des jougs. Ils y échappent. Vous croiriez qu'ils sont impatients de se donner carrière; vous craignez que cette furie ne les emporte trop loin. Rassurez-vous. Ils reparaissent plus insatiables que jamais d'esclavage. Ne les détournez pas.

Dites-leur seulement s'il est dans le monde un maître pire que le maître dont les voilà délivrés. C'est celui-là précisément qu'ils cherchent.

Ne soyons pourtant injustes envers personne. Il est de nos jours un art arrivé à sa perfection. Devinez lequel. La peinture? La sculpture? Non. C'est donc la soierie, direz-vous, ou l'art de l'ameublement? Point du tout. Je parle de l'art de mentir et de calomnier. Une telle perfection s'explique par les lentes préparations de cet art dans la théologie des casuistes que combattait Pascal. Cette théorie dévote, qu'il est permis et honnête de mentir, de calomnier quand on y a un intérêt, reposait dans la poussière des in-folio de théologie, d'où elle a passé dans la pratique usuelle et toute laïque de la contre-révolution. Elle repose sur les assises religieuses de la science du mensonge.

Voilà pourquoi elle est pratiquée avec une

sûreté qui nous étonne. Pascal s'indignait de cet art qui était alors dans son âge hiératique. Que dirait-il aujourd'hui, s'il le voyait sorti de l'enceinte sacerdotale, consacré, sanctifié dans l'ordre politique et temporel? Aurait-il encore la force de s'indigner? Admirerait-il à son tour, comme nous, cette perfection qu'aucun siècle ne dépassera jamais? Je pense qu'une telle science de la fraude, un art si accompli dans la calomnie, un idéal des bons pères si bien réalisé le frapperaient de stupeur comme la victoire du mal et l'avénement de l'enfer.

Nous savons aujourd'hui, par des aveux posthumes, que la grande philosophie du libéralisme, qu'on appelait éclectisme, n'était et ne voulait être que la servante du pape et du cardinal Antonelli. Elle avait fait son traité secret avec l'obscurantisme. Au dehors, elle portait pour devise : liberté; au dedans : esclavage.

Ainsi toutes les sources les plus hautes de l'esprit français étaient empoisonnées. L'âme était livrée au nom du spiritualisme.

Sortons de ces cavernes. Sincérité, sincérité! seul salut des générations nouvelles.

Les longues ténèbres que nous avons traversées avaient donné la même couleur à toutes choses. Le même style était appliqué aux sermons, aux feuilletons, à l'histoire, au roman, aux homélies épiscopales, aux dissertations politiques; ce qui est la destruction de l'idée même de style.

Qui ramènera la sincérité dans les lettres? C'est une terrible maladie de ne pouvoir dire: ceci est la réalité, ceci est la fiction. L'invasion du roman et des anecdotes fausses dans nos histoires les plus saignantes est un de nos fléaux. Quoi! nos plaies ne sont-elles pas assez vives? Est-il nécessaire pour nous y intéresser d'y ajouter le sel et le piment? Broder sur nos désastres, cela se peut-il?

Faire de nos calamités actuelles un thème de rhétorique? Ici je ne vous comprends plus. La moindre vérité nous parlera plus, nous intéressera plus qu'un déluge de fictions. Sommes-nous à ce point assoupis que, pour nous faire sentir nos blessures, il faille y ajouter la fantaisie?

Que chacun fasse appel à ce qu'il porte en lui de meilleur, de plus juste, de plus sensé, au milieu d'événements faits pour troubler les plus sages.

Garder, en des jours pareils, sa raison entière, l'équilibre de son intelligence, s'attacher, dans la tempête, au grand mât qui flotte encore, je veux dire aux principes que les amis de l'humanité ont toujours défendus et qui ne seront pas submergés : voilà le service que chaque Français peut rendre à la France.

Jeunes gens, hommes, vieillards, sauvez en vous l'espérance, le courage moral, le désir de la vérité, l'équité, la pitié, tout ce qui honore l'espèce humaine; vous aurez sauvé votre patrie.

Nous avons pour nous la plus grande puissance du monde et la plus légitime : la force des choses.

Voilà pourquoi ceux qui veulent nous extirper ont dans leurs projets quelque chose qui ressemble au vertige.

Les choses travaillent pour nous. Aidons-les et répétons aux ennemis ce mot, qui a déjà sauvé une fois la Liberté : « Vous voulez nous extirper, mais nous ne voulons pas être extirpés (1). »

E. QUINET

Paris, octobre 1872.

(1) Guillaume le Taciturne.

LA RÉPUBLIQUE.

CONDITIONS DE LA RÉGÉNÉRATION DE LA FRANCE.

I

LE PROVISOIRE.

Pendant vingt ans, j'ai répété dans l'exil que la France courait à sa chute, qu'en s'obstinant à courtiser l'esprit de mort, elle allait à la mort. Aujourd'hui la chute est arrivée; nous voilà dans l'abîme. Que faut-il faire pour en sortir? c'est ce que je vais chercher ici.

S'il est une chose cruelle, c'est de parler ou d'écrire avec la certitude que toute parole est inutile, parce qu'on ne veut pas l'entendre. Pourquoi donc ouvrir la bouche? Parce qu'il est des temps où il n'est pas permis de se taire. Du moins, je saurai être bref, quand mon désir serait de garder le silence.

1

Je m'en tiendrai aux raisons suivantes de la nécessité de reconnaître la République, si l'on veut le salut de la France :

Premièrement, la République existe de fait. C'est donc se refuser à l'évidence que de refuser de reconnaître ce qui est, non par la volonté de telle ou telle personne, mais par la force des choses.

Secondement, il s'agit, répète-t-on, de régénérer la France. Oui, c'est la question. Mais quelle régénération est possible, s'il n'y [a pas même un terrain reconnu où la nation puisse se ressaisir et se relever ?

Un homme, s'il est jeté dans le doute absolu, s'il ne sait ce qu'il croit et ce qu'il ne croit pas, ne peut vivre moralement ; il est dans le chemin du vide, où toute notion tarit.

Qu'est-ce donc d'un peuple ? Le maintenir à plaisir dans le scepticisme, le pyrrhonisme absolu, sur le principe même de son existence, c'est le précipiter dans le vide sans fond. Où a-t-on jamais vu une nation condamnée par son gouvernement à ne pouvoir dire quelle est sa forme de gouvernement ? Cela ne s'est jamais vu sur la terre.

Une pareille suspension de la conscience d'un peuple n'est pas seulement une léthargie, un sommeil empoisonné ; c'est, au point de vue politique, le néant. Mais une nation ne se laisse pas traîner au néant sans réagir, sans essayer au moins de ressaisir la vie. De là les troubles civils, les guerres intestines, les désespoirs d'un peuple qui ne veut pas mourir.

Le gouvernement entraîne la nation au scepticisme ; il la condamne à ne pas savoir ce qu'elle est ni même si elle est. Malgré tout, la nation sent qu'elle vit et qu'elle veut vivre : d'où un état monstrueux qui n'est ni la vie ni la mort.

Autre conséquence du doute absolu en matière politique. Le gouvernement est, dit-il, celui de la République, et il ne sait pas si la République existe autrement que comme une ombre, une apparence, un accident sans lendemain peut-être. Eh bien ! j'avais vu jusqu'ici des songe-creux, des métaphysiciens jouer pendant une heure un jeu étrange, scolastique, s'amuser à douter de la réalité des corps, tout en soignant le leur avec amour, par exception à la règle.

Je les avais vus se demander par récréation, si ce que leurs mains touchent, si ce que leurs yeux voient, existe autrement que comme une hypothèse. Mais ce que je n'avais jamais aperçu dans le monde, ni ancien, ni moderne, c'est un gouvernement qui met en doute l'existence réelle du gouvernement dont il est à la fois l'âme et le corps. Réduire tout cela à n'être qu'une hypothèse, c'est le dernier degré du pyrrhonisme. Dans cette région de silence et de mort, rien ne peut croître que la mort. Une pareille conception est la décomposition de l'intelligence humaine.

Que s'en suit-il en effet? L'impuissance absolue.

Si quelque chose est démontré dans le monde, c'est qu'il y a un esprit des lois pour la monarchie, et un autre esprit pour la République. Il y a un accord nécessaire entre toutes les parties de la législation d'un peuple.— L'organisation des diverses branches de l'État dépend du principe de cet État. D'où il suit qu'il faut d'abord connaître ce premier principe dirigeant, pour y coordonner les institutions, même de détail, qui règlent la condition d'un peuple. Autrement on pourrait construire une république sur un plan monarchique, ou une monarchie sur un plan républicain, de manière à les empêcher de vivre l'une ou l'autre : ce qui serait le comble de l'absurde, si l'on agissait par ignorance, ou le comble de la perfidie, si l'on agissait sciemment.

Reconnaissez donc que ce qu'il y a de plus urgent, de plus impérieux pour une législature, quelle qu'elle soit, qui chaque jour fait des lois, est de ne pas laisser en suspens la question de savoir à quel principe de gouvernement se rapportent ses lois. Encore une fois, comment organiser l'armée, la magistrature, les finances, l'instruction publique, l'administration, si l'on tient dans un doute absolu la loi des lois, la forme suprême à laquelle doivent être coordonnés l'ensemble et le détail de la vie publique? Imaginez un architecte qui prétendrait construire un grand édifice en s'imposant pour première règle de ne pas savoir sur quel plan il veut le bâtir. Il réserverait cette question pour le dernier moment; il ne ferait le plan qu'après que le monument aurait été construit. Voyez quelle Babel sortirait de là. L'édifice croulerait sur son auteur à mesure qu'il l'élèverait.

Que de fois nous avons dit : Aujourd'hui, Dieu merci, nous sommes au fond de l'abîme ; impossible de descendre plus bas. Nous disions cela le matin ; le soir, un nouveau gouffre s'ouvrait sous nos pieds. Chute après la chute ! Pourquoi ne trouvions-nous pas un point d'arrêt, pour nous y asseoir un moment ?

Parce qu'on a fait le vide absolu toutes les fois que l'on a déclaré que la question de vie est réservée, que le terrain où nous sommes n'a rien de solide, qu'il n'est ni république ni monarchie, que ce n'est là qu'un nuage. Asseyez une société sur un nuage provisoire, demandez après cela pourquoi elle tombe.

Si vous voulez qu'elle s'arrête dans cette chute furieuse, finissez donc ce jeu coupable. Ne niez plus la réalité. Ne condamnez pas un grand peuple à n'être qu'un sujet d'expérience sous le scalpel : *experimentum in corpore vili*. N'accélérez pas vous-même la chute en acclamant le vide.

En Suisse, dans le voisinage du pays que j'habitàis, des voyageurs ont roulé du haut des cimes les plus élevées des Alpes ; ils se sont arrêtés un moment sur un bord escarpé, où ils auraient pu être sauvés. Mais ils ont quitté ce refuge ; ils n'ont trouvé au delà que le gouffre des gouffres : ils y ont disparu.

Ne répétez pas la chute du mont Cervin pour toute une nation.

— Vous voulez donc une république de droit divin? s'écrie une petite voix grêle, jésuitique, qui sort du néant.

— Justement, tu l'as dit, immortel Escobar qui renais ici de tes cendres. Je te reconnais à cette plaisanterie d'ancien régime, où je te retrouve tout entier. Oui, Escobar, tout gouvernement nécessaire est de droit divin. Il est sacré à Reims, il a la sainte ampoule; car la nécessité, mon cher, est la plus sainte, la plus puissante des divinités de tous les régimes anciens ou nouveaux.

II

LES TROIS SAUVEURS.

Beaucoup de gens pensent qu'un moyen sûr de s'emparer d'une nation, c'est de l'exténuer en la tenant suspendue, dans le vide, entre tous les régimes : supplice de l'estrapade.

Un peuple que l'on empêcherait de se constituer ressemblerait à un malade que l'on empêcherait de dormir. Même les animaux intraitables, si on leur ôte le sommeil, sont pris de désespoir ; réduits à cet état, vous pouvez les bâillonner et les garrotter. Que sera-ce d'un peuple ? pensez-vous ainsi le museler ?

Détrompez-vous. La nation à qui vous ôteriez systématiquement le sommeil ne pourrait se rendormir dans la servitude que vous imaginez. Et pourquoi ? Parce que toutes les objections que vous élevez contre la liberté et la République se dresseraient aussitôt contre les régimes que vous prétendez leur substituer.

Il est bien entendu, en effet, que si chacun aujourd'hui a le droit de lapider la République, ce même droit établi sera revendiqué et maintenu contre la monarchie; elle sera lapidée loyalement à son tour.

Chaque matin il sera permis et loisible de dire au roi, à son lever, ce qu'il est permis de dire à la République : « Votre Majesté sait que nous ne la prenons pas au sérieux, ni Elle, ni son gouvernement, ni son drapeau. Elle habite, dit-on, les ruines des Tuileries, digne séjour d'un fantôme; mais, en réalité, Elle reconnaît qu'Elle n'existe pas. Nous reprenons toutes les injures qui ont été impunément amassées contre la République. Votre Majesté est trop juste pour ne pas admettre qu'elles s'adressent toutes maintenant à sa couronne et à sa dysnastie. »

Ainsi la stabilité que l'on cherche ne se trouverait nulle part. Les maux que nous endurons, nous les subirions tous, augmentés de ceux qu'apporterait un nouveau crime contre la France et la civilisation.

Examinez l'un après l'autre nos nouveaux sauveurs pendant qu'ils prennent le masque.

Un 2 décembre légitimiste ! Le drapeau blanc avec la religion d'État, c'est-à-dire un blanc linceul pour ensevelir la France. Est-ce là le salut ?

Un 2 décembre orléaniste ! Approchez et touchez-le du doigt. Le bonapartisme a pu aveugler les ingénus en s'enveloppant dans la capote grise ; cela lui a donné vingt ans de vie. Où est la capote grise de l'orléanisme ? Coterie sans puissance, principauté sans peuple ; le premier souffle le démasquera et l'emportera. Nouvelle ruine, nouveau cataclysme. Est-ce là le repos ?

Un nouveau 2 décembre bonapartiste ! Nous n'avons plus le droit de dire que l'absurde est impossible ; pourtant qui peut admettre que la France roule de nouveau volontairement dans cette boue sanglante, et cela, pour faire une bonne affaire ?

Voilà les trois sauveurs qui nous attendent, embusqués et masqués, dans le défilé. Tous trois ont le même mot de passe sur les lèvres : *La République est provisoire*, disent-ils. A ces paroles, vous les reconnaissez.

S'il en est ainsi, il est bien convenu que toute monarchie sera désormais provisoire à son tour. Nous n'aurons plus affaire qu'à des régimes provisoires, dynasties provisoires, religions provisoires. Enfermons cela dans un seul mot : il nous restera une France provisoire aux pieds d'une Allemagne définitive.

Voilà comment ceux qui parlent tant de provisoire creusent la fosse pour y enterrer nuitamment la patrie. Mais, que dis-je ? ce mot-là, il faut l'effacer ; disons la patrie provisoire.

Hommes d'ordre, hommes d'affaires, gens de religion, est-ce bien là ce que vous appelez stabilité ? Ne tombons pas dans l'absurde jusqu'au ridicule.

III

LA RÉPUBLIQUE A L'ESSAI.

Ils veulent bien, disent-ils, prendre la République à l'essai. Vraiment le mot est heureux. Nous devons en être reconnaissants. Par malheur, il me faut répéter que l'on peut bien prendre un cheval à l'essai, ou un bœuf, ou un âne, ou une voiture, ou un chien de chasse, sauf à les rendre au vendeur, s'ils ont un vice rédhibitoire.

Mais ces doctrines et ces termes, excellents quand il s'agit de marchander au rabais un cheval de fiacre, une bête de somme, n'ont jamais été appliqués aux sociétés humaines. Et pourquoi? Parce qu'il y a, après tout, quoi qu'on en dise, une différence entre une bête de somme et un peuple; parce que l'homme d'État, le politique, le citoyen fait partie de la forme du gouvernement, l'anime de son souffle.

C'est lui et lui seul qui peut donner à cette forme son esprit. Lors donc qu'il déclare qu'il prend seulement cette constitution à l'essai, cela veut dire qu'il n'y apporte rien de lui-même, qu'il y est étranger, comme à son habit, ou à son chien de chasse, ou à son cheval, ou à son âne; toutes notions qui répugnent absolument à l'idée d'une institution politique ou sociale.

On ne fait rien, on ne crée rien, on n'établit rien sur la terre, sans que l'esprit s'en mêle. S'imaginer que l'on peut prendre la République ou la Monarchie comme un habit chez le fripier, les yeux fermés, sans y penser, sans y croire, laissant au hasard le soin de décider dans l'avenir si c'est bien là le costume qui convient à votre âge, à votre taille; voilà assurément une idée de singe, plutôt qu'une idée d'homme.

Cela ferait supposer que l'homme n'aurait plus même la consistance de l'atome; il serait le dé à jouer sur la table du joueur. Il dirait au hasard : Je ne suis rien, je ne désire rien. Prends-moi, lance-moi à ton gré dans le gouffre; essaye sur moi toutes tes combinaisons. Je m'y prête sans désir ni volonté. Croix ou pile, double six ou zéro, République ou césarisme, liberté ou esclavage, j'y consens, pourvu que je ne m'en mêle pas. Je ne souhaite qu'une chose, l'éternelle inertie.

Prendre la République à l'essai, cela veut dire pour beaucoup de gens la soumettre à l'épreuve du fer, du feu et de l'eau bouillante : la macérer d'abord par tous les genres d'outrages, l'abandonner sans défense à tous ses ennemis, lui retrancher l'air respirable ; aussitôt après, la condamner au *rigoureux* examen, c'est-à-dire la suspendre par les pieds, la tête en bas. Voilà pour le premier essai.

Puis viennent les tenailles de justice, puis la marche processionnelle sur des pointes d'épées; puis l'épreuve de l'eau tiède, versée à flots dans le gosier par la main des tièdes; puis le plomb fondu, versé par les sages et les habiles.

Si la République résiste à tout cela, on voudra bien reconnaître qu'elle a la vie dure; spécifiant, bien entendu, qu'elle sera soumise aux mêmes épreuves et à de pires encore, dès que ses blessures commenceront à se cicatriser.

Si elle se récrie, on lui dira : Soyez sage! Et la flagellation suivra incontinent.

IV

UN JEU. — LES QUESTIONS RÉSERVÉES.

Quand l'esprit est plié à la servilité, tout devient un instrument de servitude, principalement la liberté.

Comment les ennemis de la liberté tirent-ils parti du suffrage universel? C'est une arme nouvelle dont ils se saisissent au moment où toutes les autres étaient usées.

Écoutez-les, voici le langage des meilleurs : « Oui, « certes, nous aussi nous souhaiterions plus que per- « sonne un régime digne, libre, où la conscience hu- « maine pourrait enfin respirer à l'aise. Qui plus que « nous appelle de ses vœux un état conforme à la di- « gnité humaine? Nous sommes, en vérité, disposés « à nous y conformer.

« Mais, hélas! si le pays ne se prononce pas dans

« ce sens honorable, s'il préfère la servitude, nous « sommes également résignés d'avance à l'accepter « sans murmure. Ce sera pour nous une véritable « peine, vous n'en doutez pas. Mais quel que soit le « degré d'abaissement où il plaise au pays de se plon- « ger, nous aurons la vertu de l'y suivre jusqu'au « bout sans protester ni sourciller. Nous nous avili- « rons avec lui par devoir. Nous nous ferons à toutes « les bassesses dont il donnera le signal. Qu'il dise « seulement servitude ; nous crierons servitude. Notre « patriotisme ira jusque-là. Nous ne marchanderons « aucune vilenie; nous ne nous retiendrons sur la « pente d'aucune infamie, dès que le pays, par sa « grande voix, aura dit : Courbez-vous, avilissez- « vous. S'il ajoute : Abêtissez-vous, nous répondrons : « Seigneur, qu'il soit ainsi. Nous avons devancé vos « désirs. »

Ce qui est au-dessus de la nation, c'est la force des choses. La nation, réunie en plébiscite, ne peut pas faire que la monarchie n'ait été renversée sept fois depuis le commencement de ce siècle. Elle ne peut faire que l'événement n'ait pas prononcé, par la voix suprême de l'expérience, le jugement de la terre et du ciel.

Elle ne peut faire que la monarchie ne soit tombée en 1792 avec Louis XVI; en 1814 et 1815, deux fois avec Napoléon ; en 1830, avec Charles X; en 1848, avec Louis-Philippe; en 1870, avec Louis Bonaparte.

La nation peut bien, si elle le veut, fermer ses yeux à la lumière, ses oreilles au fracas des trônes écroulés; affirmer par des milliers de votes que ces royautés ne sont point tombées, que ces dates n'existent pas, que cette histoire est fabuleuse, que les faits ne comptent pas, que Louis XVI, Napoléon, Charles X, Louis-Philippe, Louis Bonaparte, sont morts l'un après l'autre dans leurs lits, aux Tuileries, en pleine possession de leur autorité et la couronne sur la tête. Comme elle peut aussi affirmer par ses votes que le jour c'est la nuit, et la nuit le jour; que deux et deux font cinq; que nous n'habitons pas l'Europe, mais l'Asie; que nous ne sommes pas en 1872, mais dans l'année de la prédication de la première croisade.

Que serviraient de pareils votes? Ils montreraient que nous sommes aveugles; mais feraient-ils que la lumière ne soit pas? Changeraient-ils en quoi que ce soit la force des choses? Non, elle domine les peuples aussi bien que les rois.

Si nous fermons les yeux à l'expérience, si, comme le mauvais joueur, nous disons avec une obstination insensée: Recommençons le jeu! qu'arrivera-t-il? Nous pourrons bien démontrer notre égarement, mais cela ne changera rien à l'expérience. Nous accumulerons sur nous de nouvelles ruines; nous nous perdrons, sans déplacer un seul atome de la constitution du monde.

Ah! vous croyez pouvoir tout faire parce que vous

êtes réunis dans un plébiscite ou dans une assemblée! Eh bien, sachez encore une fois que vous vous trompez, si vous pensez vous jouer impunément de ce qui a été décidé sept fois en quelques années avec le fracas du tonnerre. Vous le pouvez en fermant vos yeux et vos oreilles, pour ne rien voir et ne rien entendre des jugements et des arrêts prononcés par les événements; vous pouvez vous précipiter encore jusqu'à ce que la lumière écrasante des faits arrive jusqu'à vous. Ce jour-là, il sera trop tard.

Je vous parle ainsi, parce que je sens que j'en ai le droit, n'ayant pas perdu un moment, depuis un demi-siècle, sans travailler à votre bien, à votre libération.

Et pourtant vous parlez de *recommencer le jeu*, comme si rien n'avait été fait! Et cet état affreux d'un peuple qui ne saurait où il est, à quelle latitude politique il habite, dans quelle région du désert il est égaré, vous osez appeler cela *questions réservées!* Ce scepticisme monstrueux, où un homme ne saurait vivre un seul jour, vous en faites l'état régulier d'une nation! Et moi je vous dis que jamais peuple au monde n'est tombé en cette extrémité où l'on vous conduit, d'ignorer où il est, ce qu'il est : monarchie ou république.

Depuis qu'il y a des sociétés, elles ont toujours su de quel nom se nommer, jusque dans la plus extrême décomposition; même en mourant, elles savaient de quel nom s'appeler.

Principe de gouvernement, liberté ou servitude, fondement de tout ce qui se fait dans une société, source première de toute loi, de toute organisation, de toute vie publique : vous appelez cela questions réservées ?

A merveille ! Réservez donc aussi, je vous prie, votre souffle, la circulation du sang dans vos veines, le battement du cœur, qui est le principe de ce mouvement. Réservez, je vous le demande avec instance, la vie dans vos organes, non pas même pour six mois, mais pour une heure. Faites-moi cette grâce-là, et assistons à l'expérience.

V

RÉPUBLIQUE OU MONARCHIE.

La question ne peut être posée en ces termes que dans une scène de tragédie classique. Les bras nus, le visage fardé, la toge agrafée à l'épaule, il est bon que l'acteur dise près de la rampe :

Les Macédoniens aiment le monarchique,
Et le reste des Grecs, la liberté publique.

Que les choses se passent ainsi sur la scène, dans l'ancien répertoire, entre deux confidents : je le veux bien. Mais, dans les affaires, c'est différent. N'imitez pas le théâtre, ne prenez pas dans la coulisse la défroque d'Auguste et de Cinna. Il y va de la France.

J'ai déjà dit d'ailleurs qu'aucune assemblée n'a qualité pour décider, par assis et levé, de pareilles questions, déjà décidées et tranchées par l'événement, par le fait, par la souveraine des souveraines, la Nécessité.

Si la France pouvait périr, ce serait par une idée fausse du suffrage universel et du pouvoir des assemblées.

Croit-on qu'une assemblée puisse tout ce qui lui plaît, changer la nature des choses, mettre le caprice à la place de la logique et de la raison, ramener, en un jour, l'époque de Mérovée ou de Chilpéric ; frapper de sa baguette les hommes, les choses, les lieux, les climats, pour les changer instantanément par une sorcellerie légale ?

Que le suffrage universel proclame le syllabus, l'encyclique, l'infaillibilité du pape, le devoir pour chacun de nous de se conformer au catholicisme : en quoi ce vote de millions d'hommes pourrait-il me lier ? Comment changerait-il, un seul moment, mon esprit, ma conscience ? Évidemment tout ce qu'il ferait dans ce sens serait nul, de toute nullité.

Le suffrage universel pourrait-il proclamer que le soleil tourne autour de la terre, que les lois de la physique ou les vérités mathématiques sont abolies, à partir de tel jour ou de la publication de ces plébiscites dans le *Bulletin des Lois?* Et si je ne conforme pas mon intelligence à ces belles résolutions, serai-je encavé dans l'Orangerie et déféré à la cour martiale ?

La monarchie est une espèce qui chez nous n'existe plus. Pouvons-nous la créer de nouveau par un vote de fantaisie ? J'en dis de même des espèces animales qui ont disparu. Les ichthyosaures, les plésiosaures, les dinotherium, pouvaient être d'excellents monstres, pleins de qualités précieuses, et autant que vous le voudrez, doux, estimables, utiles, faciles surtout à domestiquer. Je ne les blâme pas, je n'en médis pas, Dieu m'en garde ! Mais enfin ces excellents êtres, produits de l'ancien régime de la nature, ont disparu comme la monarchie. Croyez-vous qu'il vous suffise d'un vote de division, d'un plébiscite pour leur rendre l'existence, avec leurs vastes mâchoires endentées, leur appétit dévorant ? Permettez-moi d'en douter, sans offenser les lois. J'en dis autant de la royauté légitime ou non.

Le suffrage universel peut-il être appelé à choisir entre les gouvernements de Chine ou des Incas, ou des grands chefs nègres, ou des Césars romains, ou des castes d'Égypte, ou des rois pasteurs, ou des sept chefs de Thèbes ? Et, quels que soient le résultat et le dispositif du plébiscite, croit-on qu'il aura la puissance de faire que ce qui est mort soit vivant, que ce qui est éternellement faux soit éternellement vrai, et que l'absurde soit le raisonnable ?

Concevez-vous un paysan ou même un député obligé de contrôler, d'une part, toutes les formes de monarchie qui ont paru sur la terre ou seulement dans notre histoire depuis Clovis, et, de l'autre, toutes les formes de république, anciennes ou modernes, grecques, siciliennes, romaines, florentines, avant de répondre avec une apparence au moins de raison et de jugement, à l'énigme posée : monarchie ou république ?

Dérision des dérisions ! Pense-t-on que l'idée viendrait, hors de France, à quelqu'un de poser une énigme de ce genre? Celui qui ferait cette question semblerait insensé. Ne donnez pas à la France cette apparence d'égarement devant le reste du monde.

Concluez donc que le suffrage universel n'est compétent que pour un certain ordre de choses. Le plus grand service qu'un homme puisse rendre à son pays est de déterminer le cercle dans lequel le suffrage universel est nécessairement circonscrit. C'est ce que je vais essayer dans les pages qui suivent.

VI

DIALOGUE SUR LES PLÉBISCITES.

— A propos, quelle heure est-il ?

— Deux heures et demie.

— En êtes-vous sûr ?

— Ma montre ne me trompe pas ; tout au plus, elle avance de quelques secondes. Regardez.

— Ainsi vous avez là un excellent instrument ?

— Parfait.

— S'il en est ainsi, vous fierez-vous à lui pour toutes les questions que vous aurez la fantaisie de lui adresser ?

— Qu'entendez-vous par là ? Expliquez-vous.

— Eh bien ! oui ; parce que votre montre marque exactement l'heure, lui demanderez-vous de vous orienter vers le nord et le midi ?

— Non, certes ; il faudrait que ce fût une boussole.

— Lui demanderez-vous quel temps il fait, chaud ou froid, sec ou humide, calme ou orageux ?

— Me croyez-vous fou ? Pour de pareilles questions, j'ai des baromètres, des thermomètres.

— Vous ne vous fiez à votre montre que dans les choses qui la regardent ?

— Précisément ; ces choses sont la division du temps.

— A merveille. Votre montre est donc un instrument excellent et ses réponses sont infaillibles, quand vous lui posez la question pour laquelle elle est faite. Mais cette même montre serait un instrument détestable, si vous vouliez l'employer à des fins auxquelles elle est impropre. Par exemple, si vous lui demandiez de diriger votre route vers le pôle, vous seriez sûr de vous égarer, et vous ne pourriez accuser que vous.

— J'en conviens. Où voulez-vous en venir ?

— Attendez. Vous avez là, ce me semble, une excellente carabine.

— A tir rapide, et de la meilleure fabrique.

— Vous la portez aux avant-postes des francs-tireurs ?

— Où les Prussiens ont déjà appris à la connaître.

— L'employez-vous à toutes choses ?

— Je vous l'ai dit, à tenir à distance les ulhans.

— Vous en servez-vous sans précaution ? Employez-vous le fusil, comme ces longs tubes de fer dont on se fait un soufflet dans nos montagnes, en appliquant votre bouche au canon et la lumière au brasier?

— Vous moquez-vous de moi? Le beau moyen de me brûler la cervelle!

— Ainsi votre carabine a beau être parfaite; si vous l'employez aveuglément, elle ne sert qu'à vous tuer.

— Nous ne discuterons pas là-dessus.

— Mettons-nous donc bien dans l'esprit cette vérité. Un instrument est bon suivant l'usage que l'on en fait. Il devient mauvais, funeste, ou même mortel, si on l'emploie sans discernement à un usage auquel il n'est pas destiné.

— Belle conclusion, vraiment! Fallait-il tant de détours pour arriver à une chose évidente?

— C'est notre malheur ici d'être obligé toujours de prouver l'évidence.

— Croyez-moi, la méthode socratique n est plus de notre temps. Le loisir nous manque, pour nous promener ainsi sous les portiques de l'ancienne sophistique. Avançons, je vous prie.

— Volontiers, faisons donc ce grand pas.

— Arrivons au suffrage universel. Voilà, je l'imagine, un magnifique instrument. Personne ne l'apprécie, ne le célèbre plus que moi. Si vous ne m'aviez pas averti de votre impatience, je m'arrêterais ici pour lui adresser un hymne, comme au pacificateur des esprits, au modérateur des révolutions, au sauveur, quoique ce mot ait été souillé pendant dix-neuf ans.

— C'est l'instrument modèle ! N'allez pas au moins le comparer à aucun autre, car il convient à tout, il est propre à tout. Il est l'*alpha* et l'*oméga* de toutes choses.

— C'est ce qu'il nous faut examiner.

— Comment ! examiner ? Mettez-vous donc en doute l'infaillibilité du peuple ? Est-ce à cela que vous voulez m'amener ? Brisons là.

— Voulez-vous donc être à jamais dupes de vos adversaires ? Vous en faites-vous une loi, un devoir ? Étrange devoir de perdre votre cause dès que la Fortune la relève et la couronne !

Trouvez, si vous le pouvez, dans le monde, une société, une république qui se fasse une obligation de conscience, de se mettre toujours, à chaque heure, à la merci du hasard.

Il y a eu avant vous des républiques démocratiques sur la terre ; vous n'en verrez pas une seule qui ait consenti à ce marché frauduleux.

Pourquoi acceptez-vous, pour votre cause et vos croyances, des conditions que vous n'accepteriez pas s'il s'agissait d'une mise de cent sous ? Vous n'admettriez pas un jeu où toutes les chances sont établies contre vous. Est-ce donc que vous ne tenez pas à votre cause ? Non, assurément. Mais vous vous résignez à cet étrange sophisme : Votre cause veut que vous la perdiez. Ce sont vos ennemis qui vous ont fait une religion de votre défaite ; et vous, qui prétendez n'avoir aucune religion, vous consentez à celle qui vous condamne à périr.

Je dis que c'est là une foi aveugle, car vous n'admettez même pas qu'on la discute. Examinons-la pourtant ; voyons si le scrupule qui vous condamne à la ruine est aussi respectable que vous le pensez.

— Je ne vous écoute plus.

— Patience !

— Quoi ! vous allez discuter le suffrage universel, notre arche sainte ? Est-ce pour cela que vous êtes revenu de l'exil ? Retournez-y.

— Eh ! si le suffrage universel, tel que le souhaitent vos ennemis, peut perdre votre cause en une matinée, cette cause à laquelle vous avez tout sacrifié : bonheur, fortune, repos ?

— Oui, j'ai tout sacrifié à la République ; mais, que voulez-vous ? si le suffrage universel la nie, je suis bien obligé d'y renoncer.

— Ainsi vous vous résignez à mettre sur une seule carte l'espoir, la croyance, la religion de votre vie, sans examiner si cette carte est sincère ?

— Précisément.

— Et si vous perdez à ce jeu ?

— Je serai battu par mon principe ; je n'aurai rien à dire.

— En supposant que la royauté ait fait son jeu et qu'elle l'emporte, croyez-vous que les royalistes la remettront plus tard encore une fois à la décision du suffrage universel ?

— Oh ! non. S'ils l'emportent une fois, ce sera pour toujours.

— Si bien que la République victorieuse demeure toujours en question, et que la monarchie, une fois installée, ne peut plus être mise en doute, ni par votre génération ni par celles qui viendront après vous.

— Voilà la vérité.

— Mais ne voyez-vous pas combien le jeu est inégal et par conséquent frauduleux, puisque la victoire est toujours nulle pour vous et définitive pour vos ennemis ?

— Que voulez-vous ? Je dois obéir à mon principe.

— Et si je vous prouve que ce n'est pas là votre principe, que c'en est seulement la superstition et le sophisme.

— Arrêtez, je ne puis en entendre davantage.

— Et moi je vous admire. Quand vous voyez devant vous un abîme où vous marchez, vous êtes satisfait. Vous souriez. Si je viens vous montrer qu'il n'est pas nécessaire pour vous de périr, que cette prétendue obligation est une fausse application de vos principes ; quand je vous ouvre la porte de salut, vos yeux s'allument, vos traits s'altèrent, vous vous indignez. Avouez du moins que cela est étrange.

— Assez, assez pour aujourd'hui. Entendez-vous le

canon des Prussiens? Voici le sifflement des bombes qui passent sur le toit. Entendez ce long déchirement, ce bruit d'effondrement qui éclate dans la rue au milieu du silence de la ville. C'est l'obus qui se déchire. Heureusement voici le clairon et le tambour; ils mettent fin à la discussion. Allons respirer aux remparts.

— Marchons. Nous nous entendrons toujours là-dessus.

VII

LE CRIME ET LE DROIT DEVANT LE SUFFRAGE UNIVERSEL.

Le suffrage universel ne peut faire que le crime devienne le droit ; c'est son infériorité sur le despotisme qui change facilement l'injuste en juste, et le mensonge en vérité.

Exemple : Le 2 décembre était le crime. Le suffrage universel (ou du moins ce que l'on appelle de ce nom) a été appelé à faire du crime le droit national ; il a donné ou paru donner sa sanction au parjure, à l'assassinat, à l'infamie. Y a-t-il réussi ?

Qu'est-il arrivé ? Le vote donné au crime n'a pu lui donner le droit ; malgré sept ou huit millions de voix, le crime est resté le crime en permanence.

On l'a bien vu le jour où la force matérielle lui a manqué à Sedan : il n'a plus été soutenu par aucun appui. Ce ne sont pas les plébiscites qui le faisaient vivre; c'était la force bestiale. Quand elle a été brisée, que lui est-il resté? Pas une main dans la nation ne s'est levée pour lui; on n'a pas eu besoin de s'armer pour le renverser.

Il est tombé de son propre poids, universellement honni. Nulle résistance, nul combat, pas un coup de fusil. Le bruit d'un cadavre qui tombe, voilà tout.

On ne peut même donner à cette chute d'un corps inerte le nom de révolution. Ce fut la journée du 4 septembre : la plus nécessaire, la plus inévitable de notre histoire. Personne ne l'a faite que la nécessité ; personne ne peut y attacher son nom ; ceux qui y ont concouru ne la voulaient pas.

Sitôt que le crime a été détrôné, le droit a reparu de lui-même. Le 2 décembre avait cru tuer la République ; le 2 décembre effacé, la République a reparu sous la tache de sang.

Le meurtrier n'avait pu égorger qu'à moitié la République ; dès que le meurtrier a été emporté, la République s'est relevée. Il n'y avait besoin pour cela d'aucune proclamation. C'est le droit opprimé qui renaît de lui-même, quand le criminel n'est plus là pour l'étouffer.

Demandez maintenant au peuple, si vous l'osez : Peuple, que veux-tu? A toi la toute-puissance. Proclame à ton gré le crime ou l'honnête, cela dépend de toi. Choisis. Si tu votes pour le crime, nous te jurons, foi d'honnêtes gens, de nous donner tous au crime, de père en fils, jusqu'à la consommation des temps.

Pour moi, grâce à Dieu, je n'ai jamais reconnu le 2 décembre bonapartiste; je ne reconnaîtrais pas davantage un 2 décembre légitimiste ou orléaniste.

VIII

LE POUVOIR CONSTITUANT.

Il n'est personne aujourd'hui qui ne parle du pouvoir constituant. Reste à le définir. La France, en attendant, est à la merci d'un mot dont il s'agit de retrouver et de fixer le sens.

Voyons comment elle l'a entendu jusqu'à ce jour. Toutes les assemblées, je ne dis pas seulement de France, mais de la terre entière, ont reconnu un acte antérieur, un fait contemporain et légal; toutes ont fait passer ce fait, cet acte dans les lois. C'est ce qu'elles ont appelé le pouvoir constituant. Voilà la définition qui résulte de l'expérience unanime des assemblées délibérantes.

Aucune d'elles n'a prétendu faire abstraction du gouvernement légal au milieu duquel elles ont vécu.

Voulez-vous voir à quel point vingt ans d'empire ont troublé les notions les plus sûres? En voici la preuve: beaucoup d'esprits veulent aujourd'hui que l'assemblée actuelle se dérobe à la règle unanime des corps délibérants; ils veulent qu'elle se sépare de toutes les traditions connues dans la vie des assemblées. Ils prétendent donner au pouvoir constituant un sens qu'il n'eut jamais et qu'il ne saurait avoir.

Jusqu'ici le pouvoir constituant a eu une limite, comme chacune des choses humaines; cette limite est la réalité légale. Prétendre, comme ils le disent, que l'assemblée n'est pas limitée par le fait légal, contemporain, par la République, que l'assemblée peut sortir de l'enceinte de la réalité contemporaine et choisir, entre les formes politiques des sociétés passées, celle qu'il lui plaira d'imposer à la France, c'est dire que le pouvoir constituant est indépendant du temps, du lieu, qu'il est soustrait aux conditions des choses humaines.

C'est dire que la législation d'un peuple n'a rien de commun avec la réalité; ou plutôt qu'elle en est l'opposé.

On ne fait pas des constitutions avec des désirs, des regrets, des espérances; les constitutions se font avec des réalités vivantes, prises pour point de départ et développées dans les lois. Or, la réalité légale qui nous entoure, que nous touchons des mains, c'est la République.

Faire des lois constitutives en dehors de la réalité, c'est entrer à pleines voiles dans l'utopie ; c'est ouvrir des gouffres où la nation peut périr.

Nous avons eu dans notre histoire trois constituantes :

Premièrement, celle de 89. Elle avait derrière elle une monarchie existante et légale ; elle a fait une constitution monarchique.

Deuxièmement, la Convention. Elle avait derrière elle la République ; elle a fait la constitution républicaine de l'an III.

Troisièmement, la Constituante de 1848. Elle aussi avait derrière elle la République ; elle en a déduit une constitution républicaine.

Ainsi le pouvoir constituant n'est rien autre chose que le pouvoir de déduire d'une réalité légale l'ensemble des lois qui y sont contenues en germe.

Pour que son œuvre soit légale, il faut qu'il parte d'une réalité vivante. Il fait ce que fait la nature quand, d'un germe, elle tire la forme de la plante qui y est contenue. Mais si un homme ou une assemblée veut tirer du germe d'un olivier un chêne, ou d'un chêne un olivier, il fait une œuvre monstrueuse ; et dans la politique raisonnable, le monstrueux c'est l'illégal.

Le pouvoir constituant n'est pas le pouvoir d'imposer à une nation telle forme abstraite de gouvernement que l'on voudra indépendamment du temps et du lieu.

Prétendre à cette toute-puissance, c'est sortir non-seulement de la légalité, mais encore des règles de la raison.

Et pourquoi chaque constitution a-t-elle été conforme à l'acte qui l'a précédée? Parce qu'agir, c'est vivre, et qu'une constitution n'est qu'une fiction, si elle ne repose pas sur quelque chose de vivant.

Le pouvoir constituant ne consiste pas à se placer en dehors de ce qui existe légalement, pour donner l'être à ce qui n'est pas.

Constituer n'est pas créer. Une assemblée n'a pas la puissance de création ; elle ne peut faire de rien quelque chose.

Une assemblée n'est pas immortelle ; elle n'est pas davantage toute-puissante.

La République existe au moins comme réalité. Nier cette réalité, c'est nier la lumière ; c'est se jeter, les yeux fermés, dans le gouffre et les ténèbres.

Sortir de ces principes, c'est entrer et faire entrer la France dans le chaos.

Faire passer un peuple, en un moment, d'un pôle à l'autre des choses humaines, par le vote de quelques hommes ! Franchir ces abîmes, séance tenante, sans secousses, par assis et levé ! ! quelle illusion ! Il n'y en eut jamais de telle dans le monde.

Un dieu même ne pourrait semblable chose. S'il voulait rejeter, en un jour, une nation, de la république à la monarchie, il commencerait par déchaîner les tempêtes; il ébranlerait la terre sous les pieds des hommes; il ne pourrait pas lui-même les porter endormis d'un rivage à l'autre.

Il est donc certain que vous ne pouvez franchir l'intervalle qui sépare la République de la monarchie, sans provoquer de nouvelles catastrophes. Il faut non-seulement un vote, mais avant tout un nouveau 2 décembre, un nouveau 18 brumaire, un bouleversement où la nation disparaisse, sous la main de quelques hommes, dans une grande expédition à la Mandrin.

Du sang, encore du sang, et après cela des ruines. Qui osera tremper les mains dans cet inconnu ?

Je sais bien que quelques-uns croient pouvoir passer d'une extrémité à l'autre des choses humaines, sans commotion ni dérangement. Voilà l'idée fausse. Or, c'est par les idées fausses que périssent les nations.

L'homme serait trop heureux s'il lui suffisait de voter ce qu'il désire pour que cela devînt la législation obéie et la règle des hommes. Dans ce cas, décrétez au moins la constitution paradisiaque, apportée après le déluge par les colombes de l'arche.

Souvenez-vous de ce mot inventé par les royalistes et attribué à un républicain de l'an II : « Citoyen, « envoie-moi les lois de Minos ; j'ai à faire une con- « stitution pour le prochain décadi. »

Rien ne semblait plus risible aux royalistes ; or, les royalistes, qui se figurent pouvoir décréter, séance tenante, à leur gré, une monarchie, sont les plagiaires sérieux de ce prétendu conventionnel. Ce sont eux qui décrètent les lois de Minos.

Voulez-vous évoquer de sa tombe l'ombre légitim de Samuel, quarante-deux ans après sa mort ?

Une assemblée ne peut faire ce miracle. Cela n'appartient qu'à la sorcière d'Endor.

IX

LE DROIT DES ASSEMBLÉES.

« Si l'on proclamait la monarchie, que feriez-vous ? »

Je nie absolument à une assemblée quelconque le droit de renverser, par un vote, une république établie. Ces choses-là se font par des révolutions, non par les scrutins de quelques hommes. Vous ne changerez pas la nature des choses ; n'y comptez pas ; dans cette lutte, vous seriez écrasés. Depuis que des peuples existent, vous n'en voyez aucun où, pour remplacer une république par une monarchie, il ait suffi d'un vote.

Non, pour ces œuvres-là, il faut un guet-apens à main armée, un passage du Rubicon, un César, ou, si ces noms sont trop nobles, un Borgia, un aventurier, un chef de bandes. Pour de pareils renversements, les assemblées sont nulles. Un fait seul peut déplacer un fait; une assemblée y est absolument impuissante; tout ce qu'elle peut, en méconnaissant sa capacité, c'est de décréter des révolutions.

Une assemblée ne peut faire ni défaire une république ou une monarchie; elle constate le fait existant, elle ne le crée pas.

En 1792, la République existait en fait; le roi n'était plus qu'un homme prisonnier au Temple. Quand la Convention a proclamé la République, elle a proclamé ce qui était; elle ne l'a pas fait.

En 1804, Napoléon tenait la France à ses pieds; il était le maître. Le corps législatif a acclamé le maître, il ne l'a pas fait.

En 1814, le roi apparaît au milieu de douze cent mille alliés; il règne. L'assemblée des députés crie : vive le roi! elle ne fait pas le roi.

En 1830, la révolution des trois jours apporte un fait nouveau; l'assemblée des députés reconnaît ce fait, elle ne le crée pas.

Dans tout cela, où voyez-vous une assemblée qui ait eu la force, le droit de créer quelque chose de rien, de faire ou de défaire un principe de gouvernement? Vous ne trouvez cela nulle part.

Où voyez-vous, en pleine République, une assemblée qui fasse une monarchie, ou, en pleine monarchie, une assemblée qui fasse une République?

Ce pouvoir de création manque aux assemblées. Si

elles s'aveuglent sur un point aussi évident, elles se perdent, et la nation avec elles.

Assez d'ignorance, assez de confusion, assez de passions à la place de la raison ; assez d'insanités !

Ainsi tombent ces questions frivoles et coupables : « Si telle assemblée prend fantaisie, en République, de proclamer la monarchie, que ferez-vous ? »

La force des choses répondra pour moi ; quand elle est méconnue elle change de nom et s'appelle RÉVOLUTION. Voyez si c'est là ce que vous demandez.

X

PRINCIPES D'UNE RÉORGANISATION MILITAIRE. — POURQUOI LA FRANCE A ÉTÉ VAINCUE.

J'entends dire que l'amour de la paix, l'appel aux sentiments *humanitaires*, vous couvriront désormais contre les Allemands. Détrompez-vous. Ne croyez pas que, gorgés de vos dépouilles, ils vous laissent en repos ; n'imaginez pas que de bons comptes de cinq milliards vous fassent de bons amis.

Acheter la paix si cher, c'est n'acheter qu'une fausse trêve; car que vont-ils devenir, ces cinq milliards entre les mains de la Prusse ? Ils iront grossir le trésor de l'armée ; ils lui rendront facile de tomber sur la France, à la première occasion que fera naître la perfidie tudesque : l'*inganno bavarico,* disait déjà Pétrarque.

Quand les Romains eurent commencé à payer les Barbares, cette rançon ne servit qu'à rendre les Barbares plus avides. Il n'y eut plus un moment de paix véritable; l'argent donné pour acheter la paix soudoya de nouvelles invasions.

En ce moment, l'Allemagne digère sa proie; elle semble rassasiée. Un milliard par trimestre à recevoir des vaincus, les deux provinces boulevards de la France à absorber dans l'Empire allemand : cette tâche suffit aujourd'hui aux plus ambitieux. Bientôt, cette œuvre accomplie, la passion de s'agrandir, l'impatience de se prouver à soi-même sa toute-puissance, reparaîtront avec une fureur nouvelle. Les Allemands voudront montrer au monde qu'ils ont non pas seulement vaincu, mais extirpé la nation française.

C'est alors que le projet teuton de remplacer la race latine par la race germanique passera, si on le laisse faire, du rêve à l'action.

Attendez-vous à rencontrer, en toute question petite ou grande, la menace et bientôt l'ordre des vainqueurs. Après vous avoir dépouillés matériellement, ils vous feront sentir, jour par jour, l'humiliation de la défaite. A chaque occasion, ils prendront le monde à témoin de votre abaissement, jusqu'à ce qu'ils vous aient expulsés, l'épée dans les reins, de toute ingérence dans les grandes affaires d'Europe.

A ce ferme propos de vous anéantir, qu'opposerez-vous? Des discours? Des appels à la fraternité des peuples, à la modération des sentiments, à la résignation des honnêtes gens? Ou, comme vous dites, le *recueillement*, l'apaisement? N'y comptez pas.

Descendrez-vous loyalement, sans jamais vous retourner, le dernier degré de la ruine? Consentirez-vous à subir, comme une marque de bon goût, la domination absolue, le caprice, la fantaisie, non pas d'un individu, mais d'une race étrangère? Deviendrez-vous la chose de l'Allemagne?

Voulez-vous finir comme les Grecs sous les Romains, et les Romains sous les Barbares?

Cette idée vous révolte. Hâtez-vous donc de faire l'indispensable. Concluez et décidez qu'il vous faut une armée qui, à une nation ennemie déchaînée contre vous, oppose la nation tout entière.

Les Prussiens, à la fin de 1812, ont improvisé la landwehr en peu de mois. Après plus d'un an, vous n'aviez pas encore écrit le premier mot de la loi militaire. Qui vous lie les mains?

Première condition de vie : se mettre sans retard à l'abri contre une nouvelle invasion de barbares.

On répond à tout en disant : Ce qui a perdu l'armée française, c'est le manque d'organisation, l'infériorité de l'armement.

Ces deux causes ont hâté nos désastres; cherchons pourtant dans une troisième cause, plus profonde, la raison de notre anéantissement militaire.

Il y a dans l'art militaire deux parties, que Napoléon appelait la partie humaine et la partie divine. Nous avons péri et par l'une et par l'autre.

Si l'infériorité de l'armement en avait été la principale cause, on aurait vu, comme dans les guerres de Fernand Cortez et de Montézuma, une masse de morts français sur les champs de bataille pour quelques morts prussiens; mais ce n'est pas l'inégalité des morts qui a fait notre ruine.

Imaginons que les Prussiens eussent eu notre armement et nous le leur; la victoire à Sedan leur serait pourtant restée. Avec des armes inférieures, ils auraient vaincu moins vite, mais ils auraient vaincu.

Pourquoi? Parce qu'il nous a toujours manqué, de Woerth à Sedan, la *partie divine* de l'art, qui, après tout, décide de l'issue de la guerre.

Quelle est cette partie divine? Elle ne consiste pas seulement dans l'organisation, l'armement, l'équipement, l'administration. Une armée peut posséder toutes ces choses et n'être encore que médiocre.

Voici, je pense, le secret de cette énigme. Une armée, comme tout être vivant, doit être marquée d'un esprit. S'il lui manque, rien ne peut le remplacer; elle offre partout le défaut de la cuirasse.

Ce qui fait avant tout le grand capitaine, c'est qu'il donne un esprit à l'armée qu'il commande. La Révolution, de 1792 à 1799, avait donné un esprit à ses armées : il y avait celui de l'armée du Rhin, celui de l'armée d'Italie. C'est là ce qui en faisait la force.

Les armées étrangères, autrichiennes, allemandes, avaient alors un armement égal à celui des Français. Elles possédaient la partie inférieure, humaine, de l'art militaire; la partie divine seule leur manqua de 1792 à 1813. Voilà pourquoi elles furent détruites sur tous les champs de bataille.

Ce n'est qu'en 1813 que le grand souffle leur vint; elles furent marquées alors de l'esprit nouveau; il les fit vaincre en 1813, 1814, 1815. Dans chacune de ces campagnes, l'esprit grandit chez elles, à mesure qu'il diminua chez nous.

Pendant les guerres gigantesques de 1792 à 1815, l'armement resta à peu près le même pour la France et pour les peuples étrangers. Le fusil ne changea pas, ni même l'artillerie; et pourtant quelle différence dans les armées, lorsque 100,000 Français culbutaient le même jour, à Iéna et à Auerstadt, 200,000 Prussiens! D'où cela venait-il? De la supériorité du général en chef, sans doute, mais aussi de ce que son armée était imbue d'un esprit puissant. Lorsque le général en chef n'était pas là, ses lieutenants trouvaient le moyen de vaincre sans lui, comme lui, dans les situations les plus compromises.

Venons aux événements contemporains. Comment ces ruines de la France se sont-elles faites? Comment les armées françaises ont-elles été non détruites, mais enlevées? Après que nous aurons admis toutes les causes que l'on est accoutumé à énumérer, il fau encore arriver à ceci :

Deux armées étaient en présence. Dans l'une d'elles, un esprit enivré, le souffle de la vie nationale qui animait chaque homme; l'ambition d'agrandir sa patrie en un jour; la passion de vaincre, de faire régner la race allemande; cette passion soigneusement entretenue depuis 1813 et surtout depuis Waterloo; et, chose à remarquer ! l'objectif de cette armée toujours tourné du même côté; la Prusse épiant l'occasion de se substituer à la France, sans que jamais il y ait eu une seule diversion; une armée toujours occupée de l'étranger, jamais de l'intérieur; ne rêvant que la guerre étrangère, sans avoir jamais à craindre de laisser derrière soi la guerre civile; la fureur de la domination, le désir effréné d'une revanche à prendre sur les guerres de l'Empire et de la Révolution, et même sur Louis XIV, dont les souvenirs restent encore allumés et fumants dans les ruines du Palatinat; tout cela vivant à la fois, au même degré, dans le souverain, dans le général en chef, dans les généraux, les officiers, dans le moindre soldat : chaîne électrique d'où part la foudre. Voilà ce que j'appelle l'esprit d'une armée. C'était celui de l'armée prussienne et allemande avant de franchir la Saar.

Qu'avait la France à opposer à ce tonnerre? Quel événement, quelle date avait marqué de son esprit l'armée française? Le 2 décembre.

Qu'elle le voulût ou non, telle était la fonction qui lui avait été imposée; tel était son ordre de bataille. Les yeux fixés sur l'intérieur, née de la guerre civile, elle n'était pas destinée aux guerres lointaines. Aussi, quand l'armée prussienne et l'armée française furent en présence, l'une préparée à la guerre étrangère, l'autre faite principalement pour la guerre à l'intérieur, la première se trouva dans son élément; chaque pas fut une victoire; la seconde, dépaysée sur son propre terrain, se trouva désarmée, dès le commencement, dans le combat pour lequel elle n'était pas faite.

Dans la première bataille contre l'étranger, elle fit son devoir, je le veux bien, mais seulement son devoir; les prodiges accoutumés manquèrent.

Entre deux esprits, l'un armé des haines, des passions, des ambitions puisées dans une éducation d'un demi-siècle, et l'autre, qui n'avait reçu aucune de ces impulsions et de ces énergies morales, la lutte ne pouvait être longue.

Quand une armée a un esprit, il la porte, il l'entraîne, il donne des ailes à ses chevaux, à ses éclaireurs; elle voit distinctement à travers l'épaisseur des forêts.

Si cet esprit lui manque, elle est embarrassée d'elle-même. Tout lui pèse, tout lui est difficile, la marche, le repos. Elle ne sait que faire de ses bras, de ses armes; elle est aveugle.

Ainsi s'explique, par l'extrême inégalité du *moral*, qu'une armée de 400,000 Français ait pu être enlevée, prisonnière, chose qui ne s'était pas vue, je pense, depuis la chute des empires d'Orient. Là seulement se sont recontrés des empires vides d'esprit, d'idées, de nationalité; réduits à un satrape, ils tombaient dès qu'ils étaient heurtés par une force morale.

XI

DES CAPITULATIONS D'ARMÉES.

Le moral d'une armée, c'est-à-dire sa force de résistance, dépend de l'idée que l'on s'y fait des capitulations. Je suppose un pays où il soit permis ou même honorable à un général de se rendre prisonnier, lui et son armée de 173,000 hommes, en rase campagne, sans tenter la trouée, se laissant acculer à la famine, et perdant les jours dans l'inertie, de manière à pouvoir dire plus tard : C'est la faim qui m'a vaincu.

Je dis que le même principe est valable pour des armées de trois ou de six cent mille hommes, que dès lors le nombre ne compte plus pour rien, qu'une nation qui croit avoir une armée pour se couvrir à la frontière n'a, en réalité, qu'une ombre prête à se dissiper dès que les circonstances deviennent difficiles.

Je dis que la nation qui accepterait de tels fondements pour ses institutions militaires ferait bien de renoncer à posséder une armée nationale contre l'ennemi. Elle aurait beau changer l'armement, l'équipement, la tactique même : ces fondements ruineraient toute possibilité de défense.

Quel général sera assez fortement trempé, assez étranger à son siècle, pour lutter à outrance contre l'ennemi, s'il sait qu'en déposant les armes et se rendant prisonnier, lui et son armée, il acquiert tout à la fois honneur, avancement, dès son retour dans la patrie ?

Le peuple qui s'accoutumerait à de telles institutions militaires n'aurait plus qu'à désarmer pour toujours et à se mettre à la discrétion de tous ses ennemis, comme l'a fait l'Italie depuis le seizième siècle jusqu'au milieu du nôtre. Les hommes de courage qui en 1527 avaient résisté à l'invasion allemande reçurent un nom de la part des *gens sages :* on les appelait *les obstinés, les enragés, gli ostinati, gli arrabiati,* exactement comme aujourd'hui on dit, dans la langue modérée, les fous furieux.

Par l'abandon total de lui-même, par le renoncement à l'existence, le peuple qui se glorifierait de capituler en masse, en rase campagne, obtiendrait peut-être de ses voisins quelque ménagement, quand ils sauraient qu'ils peuvent le fouler à plaisir, à toute heure, sans jamais être contrariés ni par la résistance ni par la mauvaise humeur.

Ici, l'Italie, pendant ses trois siècles de soumission, peut encore nous servir de noble exemple. Après que les gens sages eurent flétri ses défenseurs du nom d'enragés ou de furieux, les plus braves se jurèrent de ne plus encourir de pareilles critiques. Chacun fit assaut de sagesse, de modération, d'inertie ; l'Italie se coucha complaisamment dans la fosse.

Les Allemands s'assirent sur ce sépulcre. L'heureux sommeil de la nation italienne ne fut troublé pendant trois siècles que par les ariettes des théâtres de Milan et de Naples. En revenant aux mêmes principes, nous pouvons raisonnablement nous promettre la même félicité.

C'était, il faut l'avouer, des temps bien barbares que ceux de 1789 à 1814, qui nous donnèrent les armées vandales de la Révolution française. Chacun, du général au soldat, y était imbu de ce principe, qu'il n'est pas permis à une armée, ni même à un corps d'armée, de capituler en rase campagne. C'était là le premier mot de la science militaire, du caporal comme du commandant en chef ; par où l'on voit l'ignorance absolue, irrémédiable de ces hommes sortis de la Révolution française. C'est avec une pareille ignorance que, même dans les situations les plus périlleuses, entourés plus d'une fois, avec Kléber sur le Nil, avec Mortier et Masséna sur le Danube, avec Joubert dans les Alpes, avec Moreau sur le Rhin, avec Ney sur le Dniéper, ils n'eurent pas même l'idée de se rendre prisonniers aux premières sommations. Non, cette idée si simple, si lumineuse, ne put entrer un seul moment dans leur esprit ; tant ces hommes de rien, sans naissance, sans titres, sans éducation, étaient étrangers à tous les progrès de la science militaire !

Nourri dans ce préjugé, Ney, à la tête de 6,000 hommes, se trouve enveloppé par 80,000 Russes en avant de Krasnoë.

Que lui commandait la première règle de la science militaire telle que nous la concevons aujourd'hui, grâce au progrès des temps ? 6,000 hommes d'un côté, 80,000 de l'autre ! Ce sont là des chiffres, je crois. Ils ne laissent aucun doute sur le devoir imposé à Ney par la sagesse, par la raison la plus élémentaire : il devait sur-le-champ rendre son épée de maréchal et faire déposer les armes à ses 6,000 hommes. Tout esprit sage, modéré (j'écarte d'ici les tacticiens de cabinet), tout homme ayant une notion militaire quelconque sera de cet avis.

Au lieu de cela, ce fou de Ney, cet *obstiné*, cet *enragé*, attaque lui-même les 80,000 Russes, les déborde, les tourne, sauve son corps d'armée, le ramène sur sa ligne d'opérations : et cela, contre toute règle, contre tout principe, au détriment évident de la considération des armes françaises.

Oui, c'est grâce à ces principes que, de 1792 à 1809, les Français, enveloppés par la coalition, ont fait tête à leurs ennemis et remporté sans relâche de déplorables victoires, puisqu'elles étaient contraires aux éléments d'une sage stratégie.

En 1809 seulement, il s'est trouvé un général français qui a ramené les vrais principes. Le général Dupont, en capitulant à Baylen avec ses 20,000 hommes, a rompu avec le préjugé. La science militaire allemande, prussienne, autrichienne, russe, anglaise surtout, applaudit : la France seule s'obstina et protesta. Je me souviens encore de la consternation, à cette nouvelle impossible, incroyable, inconcevable, que « tout un corps d'armée français avait capitulé en rase campagne. » Longtemps on refusa de le croire. Ignorants et bornés, nous méconnaissions le progrès ; il nous sembla que la colonne de granit commençait à chanceler sur sa base.

XII

PREMIERS ÉLÉMENTS DE LA NOUVELLE ÉDUCATION MILITAIRE.

Conclusion. Il ne nous suffit pas de refaire une armée, ni d'imiter les institutions militaires de la Prusse ou de la Suisse ; il ne suffit pas d'augmenter l'effectif et le matériel, de tripler ou de quadrupler le nombre des bouches à feu, ni de refaire notre cavalerie en refaisant les races de nos chevaux indigènes.

Il faut encore donner à cette armée nouvelle un esprit nouveau, puisqu'il est démontré que là où l'esprit manque dans une armée, le matériel seul ne peut y suppléer.

Quel sera cet esprit? C'est ici que l'on peut voir combien le scepticisme officiel, en ce qui touche la constitution de la France, stérilise les efforts les meilleurs.

Car il est certain que l'armée sera différente, selon qu'elle sera faite pour une république ou pour une monarchie.

Toutefois acceptons ce pyrrhonisme ; et voyons quel esprit il convient de donner, dans tous les cas, à l'armée, au milieu de ce vide provisoire qui rend toute conception fragile. Essayons de bâtir sur ce sable mouvant.

D'abord il faut savoir quel est l'objectif que vous voulez donner à l'armée : si c'est le dedans ou le dehors, la guerre intestine ou la guerre étrangère, ou encore si elle doit avoir ces deux objectifs à la fois.

L'essence du prétorien est de vouloir des guerres commodes, où, sans fatigues ni dangers, il puisse conquérir des biens, de l'avancement, des honneurs. Ce qui répond le mieux à cet idéal, c'est la guerre civile. Partout où il y a eu des prétoriens dans le monde, ils ont ambitionné de donner uue *raclée* à leurs concitoyens.

Ce mot, que l'on entendait sous l'empire, est de tous les siècles.

Une des choses qui doivent le plus éloigner des guerres civiles, c'est qu'elles obligent à faire de l'armée nationale un camp de prétoriens.

Les prétoriens appelent la guerre civile, et la guerre

civile engendre les prétoriens : cercle maudit où périt la nation.

La force de l'armée prussienne, c'est que par la landwehr elle se retrempe perpétuellement dans le sentiment national; elle vit au cœur du peuple. Isoler, comme quelques-uns le proposent, l'armée française de la nation française, c'est annihiler l'une par l'autre.

Le bonapartisme a eu pour but de séparer profondément l'armée de la nation, il y avait réussi. Le militarisme porté au comble, le soldat n'ayant plus l'âme du citoyen : voilà ce qui explique notre chute.

A cela quel remède? Retremper l'armée dans la nation, et la nation dans l'armée.

Réorganiser l'une, ce serait réorganiser l'autre.

Nous n'aurions pas seulement quelques camps isolés à perpétuité de la France.

Toute la France serait un camp où l'esprit civil et l'esprit miltaire se retremperaient l'un par l'autre.

Là les classes diverses se fondraient en une seule, dans les exercices, les rassemblements, qui seraient établis à des époques marquées, par canton, par département et par région pour les grandes manœuvres.

Voyez la Suisse. Les différences de partis y sont tranchées; les opinions font trêve pendant la durée des camps. Après les manœuvres, chacun rentre chez soi, plus uni à ses compatriotes, plus inséparable de la Confédération, plus instruit non-seulement dans les armes, mais dans la chose publique. C'est là que les conditions sociales se touchent et se sentent solidaires.

Le camp est la grande école de liberté, d'égalité, de patriotisme; le soldat fait le citoyen. Que de fois j'ai vu ces vignerons, ces pâtres, revenir du camp, fortifiés par le souffle de la patrie! L'instruction militaire avait complété l'instruction civique.

Après cela, qu'un bruit de guerre se répandît chez eux, aussitôt des bataillons, bien armés et instruits, sortaient de ces villages et volaient au lieu de rassemblement.

Supposez un moment un système semblable en France, c'est par millions d'hommes que compteraient ses armées.

Alors reparaîtront ces maximes, qu'une armée ne peut capituler en rase campagne, qu'elle doit avoir horreur de mettre bas les armes, que la destruction d'un corps est une calamité moindre que la facilité à entrer en pourparlers avec l'ennemi; que la mort peut se réparer, difficilement la honte.

Quel est le fait qui domine et caractérise la campagne de 1870? C'est celui-ci : d'immenses armées, 400,000 hommes, dit-on, qui mettent bas les armes et se rendent prisonniers. Voilà un précédent sans exemple; il pèse sur nous, il faut absolument y échapper.

Tout serait à jamais perdu, en effet, s'il entrait dans l'esprit des nouvelles générations qu'après tout la guerre n'exige pas la force d'âme réclamée par les aïeux, que c'est là un reste de barbarie dont ne s'accommodent pas nos mœurs nouvelles; que si des difficultés se présentent ou si l'ennemi s'obstine, on a toujours le moyen suprême, non de mourir, mais de se rendre prisonniers : ce qui entraîne seulement la nécessité de faire un voyage à l'étranger. Après quoi on rentre dans sa patrie, comblé d'honneurs, de récompenses, recueillant à chaque pas les témoignages d'une admiration grandie par l'éloignement et par l'absence.

Les calamités que nous a infligées la défaite ne seraient rien auprès de cette contagion de l'exemple. La facilité des capitulations, si elle devait se répéter, nous ôterait jusqu'au droit d'espérer. Oui alors, *laissez toute espérance !*

Hâtez-vous donc de réagir contre cet héritage ; ne laissez pas s'établir dans nos traditions militaires ce qui sent le cadavre du césarisme ; ne prenons pas pour une tradition nationale ce qui rendrait la nation impossible. Rompez absolument avec l'esprit de cette guerre de 1870, où l'âme du chef se montre à chaque pas. Telle est, en ce qui touche l'éducation militaire, votre première tâche. Qu'a-t-on fait jusqu'ici pour la remplir ?

Sans doute, il faut que le soldat apprenne à lire et à écrire, l'officier à manier les cartes, le général à concevoir un plan. Mais qu'est-ce que tout cela, si l'exemple de ces capitulations d'armées (chose inconnue dans le passé) n'est pas extirpé de la mémoire des Français, comme une monstruosité qui ne peut se reproduire impunément dans aucune des combinaisons de l'avenir ?

Voyez combien il est funeste de raconter et de juger avec mollesse les événements militaires, où la faute des généraux a produit l'effet de la trahison. Les historiens aussi ont leur responsabilité.

Le conseil municipal de Metz nous apprend une chose que, pour ma part, je soupçonnais. Avant de se décider à la reddition de l'armée de Metz, plusieurs généraux se mirent à lire, à étudier les récits les plus indulgents de la capitulation de Baylen, œuvre du général Dupont. Sans nul doute, ils s'encourageaient par cet exemple de 18,000 hommes à mettre bas les armes au nombre de 167,790 hommes. Ainsi la honte de 1809 encouragea et autorisa la honte de 1870.

Que les hommes qui se chargent d'écrire l'histoire de ces redditions d'armées de 1870 s'instruisent par cet exemple ! Toute mollesse de leur part, toute complaisance de leur plume, aideront à répéter dans l'avenir les actes d'octobre 1870. Comme Baylen à poussé à la reddition de Metz, de même la reddition de Metz couverte de fleurs autorisera... Mais non ! je ne veux pas achever.

Je crois même que si le temps m'était donné d'écrire l'histoire de ces redditions d'immenses armées, je le ferais en de tels termes que cela pourrait donner à penser à ceux qui, investis dans l'avenir d'un grand commandement, seraient tentés d'imiter ce qui s'est fait à Sedan et à Metz.

Jusqu'ici, dans les siéges, c'étaient les hommes de guerre qui se chargeaient de soutenir le moral des populations civiles assiégées. Pour la première fois dans le monde, il est arrivé à Metz que ce sont les populations civiles qui ont dû encourager les hommes de guerre et les supplier de ne pas mettre bas les armes.

Voilà l'événemeut capital qui caractérise cette campagne et pèse sur le présent de la France. Faites qu'il ne devienne pas la règle de l'avenir.

Et qu'importe que vous amélioriez les armes, si vous n'inspirez pas à tous l'horreur de les jeter aux pieds de l'ennemi ? Toute épée est bonne, et la plus mauvaise est la meilleure, s'il s'agit de la rendre à la première sommation.

Que les généraux aient été *les plus grands hommes de guerre*, c'est beaucoup dire assurément ! Pour moi, je n'ajouterai qu'un mot.

Si un général prussien, faute ou malheur, eût été conduit à déposer les armes avec l'armée qu'il commandait, les Prussiens le combleraient-ils d'honneurs, de louanges, de titres et de grades ?

Par cette seule différence, voyez où nous en sommes. Dites si c'est là le chemin de la régénération.

Se rendre prisonniers, plutôt que de courir le risque de la bataille, cela est, dit-on, d'un esprit sensé, modéré, sérieux, conservateur, qui ne veut rien donner au hasard. Lutter à outrance, mettre ses hommes en péril de mort : folie qu'il faut laisser aux esprits absolus, dangereux, systématiques, impatients, radicaux. A merveille.

Mais, si ce même esprit de capitulation entre dans les choses civiles, n'y voyez-vous aucun inconvénient ? Quoi ! Se rendre au plus fort, au plus riche, au plus puissant, dès qu'il y a un inconvénient pour nous à persister dans ce que nous savons être juste ?

Capituler sur chaque chose, sur chaque conviction ? Mettre bas les armes devant toute volonté qui nous barre le chemin ? Quoi ! c'est là, dites-vous, la sagesse, l'esprit sensé, modéré ? Et c'est avec ce bâton pourri que vous prétendez relever un peuple tombé ? Et moi qui croyais qu'il s'agissait de fortifier les âmes pour le combat de la vie !

XIII

L'ARMÉE. — QUEL ESPRIT FAUT-IL LUI DONNER?

Le général Duvivier me disait que tel jour de combat, au passage d'un col de l'Atlas, il avait donné aux zouaves leur esprit de corps.

C'est là ce qu'il faut demander incessament. Quel esprit voulez-vous donner à l'armée ? Il faut qu'il se fasse voir et sentir en toutes choses ; il faut que chaque soldat le porte en lui ; sans quoi ne parlons pas d'armée.

En face de l'esprit formidable de l'armée prussienne, il est urgent d'armer nos troupes d'un esprit nouveau, supérieur.

Comment, sur quel type a été réorganisée l'armée prussienne dès le lendemain de Iéna ? A-t-on jamais songé à l'isoler de la nation ? Bien au contraire, évidemment.

Toutes les passions nationales qui bouillonnaient en Allemagne, comme un métal en fusion, sont entrées dans les cadres militaires. Là elles se sont déposées et réglées; elles ont formé ce métal, ce grand glaive que nous avons déjà rencontré tant de fois. Il a conservé son tranchant, que rien jusqu'à ce jour n'a pu ébrécher. Pourquoi? Parce qu'il est trempé dans l'âme immortelle d'une nation.

Les réorganisateurs de l'armée prussienne, après Iéna, avaient pris pour principe la déclaration suivante : « Nous voulons tous être soldats, mais nous voulons tous rester citoyens. » Voilà la nation armée. C'est l'idée simple sur laquelle a été forgée la réorganisation militaire de l'Allemagne.

Combien l'armée qu'on nous fait, en exemptant les riches, les savants, les gens instruits, ressemble peu à cette armée de 1813, où toute la nation allemande se précipitait, riches et professeurs en tête, alors que Niebuhr, l'historien de Rome, travaillait aux fortifications de campagne, que Fichte présidait aux hôpitaux, que le poëte Kœrner composait le chant du *Glaive* sous les balles de Lutzen, que le docteur Jahn, au nom des universités, haranguait, du haut de la colonne Vendôme, l'armée allemande rangée à ses pieds!

Chez nous, que propose-t-on? Ce n'est pas la nation qui donnera son esprit à l'armée; c'est l'armée qui devra donner son esprit à la nation.

Renversement de toutes choses. L'armée ne sera pas faite à l'image de la France, mais la France devra se refaire à l'image et à l'école de l'armée. Nous connaissons cette méthode, elle est ancienne. Etablir l'esprit prétorien et l'imposer au peuple; c'est ainsi que se sont faites toutes les décadences et toutes les ruines. Modeler l'armée sur la nation, c'est le génie moderne; là est la vie et l'avenir. Modeler la nation sur l'armée et l'armée sur le type prétorien, c'est l'ancien césarisme. Là est la chute et la mort.

L'esprit militaire n'est pas un esprit de caserne. Il se forme de trois manières: soit par l'empreinte d'un grand gouvernement, soit par l'impulsion d'un grand général, soit par le souvenir perpétuellement entretenu de la victoire.

Deux armées chez nous sont citées comme des armées modèles :

La première, celle du Rhin, de 1794 à 1799. Elle avait le caractère républicain; voilà le sceau d'un principe de gouvernement.

La seconde, celle d'Austerlitz. Elle avait le caractère napoléonien. Chaque soldat avait une étincelle de l'esprit de son chef, il croyait à son étoile comme Napoléon. Voilà le sceau d'un homme.

L'armée prussienne d'aujourd'hui a dans ses fondations Leipzig, Waterloo, et maintenant Sedan. Voilà le sceau d'un événement, et tout concourt à le perpétuer.

Comment périt l'esprit militaire ? Il périt à mesure que s'efface l'empreinte reçue.

Quand une armée a reçu son esprit d'un grand général, chaque soldat porte en lui une étincelle de ce foyer. L'esprit du grand Frédéric avait donné son sceau à l'armée prussienne, et ce sceau s'est effacé à l'approche de la révolution française. L'institution de Frédéric vivait encore dans ses formes, l'âme avait disparu.

De même pour Napoléon. Dans ses dernières armées s'était effacé le sceau qu'il leur avait imprimé; elles n'avaient plus foi dans l'infaillibilité et dans l'étoile du chef. L'astre pâlissait pour le soldat comme pour le général.

« L'ambition le perd, et nous avec lui. » Que de fois j'ai déjà entendu ces mots, à partir de 1812!

Ainsi une armée remplie de l'esprit militaire est un corps aimanté, qui perd son aimant s'il n'est pas renouvelé ; et il ne peut l'être que par un des trois moyens que je viens d'énumérer.

Entre les différentes manières de retremper une armée, la puissance d'un grand général est moins durable que celle de la victoire ; celle-ci l'est moins que l'esprit de la nation. Car le général peut devenir inférieur à lui-même, la victoire peut s'effacer par la défaite. Il n'y a que la nation qui survive ; c'est en elle que l'armée peut perpétuellement se retremper et retrouver sa vertu.

Si l'armée n'a été que défaite, un général peut réparer la faute d'un général; mais si elle a été anéantie, un individu ne suffit pas pour la créer de nouveau. Il faut pour cela un nouveau principe. L'esprit national est seul capable de tirer du néant cette œuvre de création.

L'armée prussienne anéantie à Iéna, ce n'est pas un autre Frédéric qui la refit; c'est l'âme de la nation qui la créa de rien en 1813.

Quand l'armée de Napoléon eut été détruite en Russie, Napoléon lui-même ne put la refaire; il aurait fallu lui donner un autre esprit, et c'est ce qui ne put entrer dans la pensée de Napoléon. La plus grande erreur, de nos jours, serait de croire qu'après un désastre complet, des généraux vaincus peuvent redonner à une armée l'esprit de la victoire. Non, cela leur est refusé; il faut puiser ce nouvel esprit dans une autre source.

Les hommes tels que Carnot, Stein, qui ont refait des armées en France, en Allemagne, n'étaient pas des spécialistes. Ceux-ci ne suffisent pas pour de pareilles fondations. Ils comptent trop sur les petits moyens pour avoir recours aux grands. Verser l'âme entière de la nation dans l'armée, voilà le problème. Il est d'un degré supérieur.

N'espérons aucun progrès si nous ne voyons cette évidence : que la formation nouvelle, le génie nouveau des armées allemandes, sont nés au foyer même de la nation allemande affranchie. Là est l'étincelle première qui a été entretenue depuis soixante ans; là est la vie, le feu sacré. Les règlements ne sont venus qu'après.

Ne prenons pas les règlements pour le point créateur. Ce serait prendre le corps pour l'âme et faire une armée sans l'esprit militaire.

Voulons-nous donc aujourd'hui donner un caractère, un principe de vie à l'armée? La première question à se poser est celle-ci :

Est-ce une armée républicaine qu'il s'agit de former ou est-ce une armée monarchique?

Voilà ce qu'il faut qu'elle sache d'abord; sinon tout caractère est impossible.

S'agit-il seulement de faire l'armée de l'ordre? la caserne suffit. Mais s'il s'agit d'une armée de combat contre l'ennemi extérieur, il faut de plus le souffle de la nation. Vous avez beau vous irriter de ce mot : la nation armée. Tenez pour certain que rien de grand ne se fera si l'âme de la nation ne respire dans les plis du drapeau.

Beaucoup de gens n'ont d'autre idéal que le couvent. C'est sur le couvent qu'ils veulent former l'armée, en la cloîtrant hors de la société civile, loin de tout ce qui vit, pense, agit. L'armée prussienne est le contraire du cloître, elle se retrempe incessamment dans les passions de tous.

Reste à savoir si la durée du service doit être de

trois ans ou de cinq. Voyons ce que notre expérience et celle de l'ennemi répondent.

L'armée la plus solide que la France ait eue est l'armée du Rhin. Formée en 1792, elle avait atteint en 1794 une perfection qui n'a jamais été dépassée. Trois ans avaient suffi pour produire cette merveille.

En Allemagne, que voit-on? Napoléon impose à la Prusse de n'avoir plus qu'une armée de 42,000 hommes. Les Prussiens obéissent, mais comment?

Après deux ans, ils renvoient dans leurs foyers les 42,000 hommes formés et instruits; ils en appellent d'autres, qu'ils renvoient de même après deux ans.

La lettre du traité est observée. L'ambassadeur français, M. de Marsan, n'en demande pas davantage. 1813 arrive. La Prusse n'a qu'à frapper du pied; une grande armée sort de terre, instruite, aguerrie, formidable, celle que nous avons rencontrée à Leipzig, en Champagne, à Waterloo. Dirons-nous que les soldats de Blucher n'étaient pas des soldats?

Ainsi trois ans suffisent pour faire un soldat contre l'ennemi. Mais, s'il s'agit de faire un prétorien contre l'intérieur, c'est autre chose. Il faut le séparer de son foyer, de son pays, de l'esprit de la nation, et pour cela cinq ans suffisent à peine. Dix ans, vingt ans vaudraient mieux. Croyez-en ce prétorien dont parle Tacite : il prenait la main de son général et il la mettait dans sa bouche, sur ses gencives, pour lui faire sentir qu'il n'avait plus de dents.

Voilà le prétorien modèle; le plus vieux sera toujours le meilleur. C'est lui qui, du Rubicon à la salle de l'Orangerie de Saint-Cloud, et de Claude à l'auteur du 2 Décembre, a fait les coups d'Etat qui ont anéanti la vie publique dans le passé.

En Prusse, chaque soldat a toutes les ambitions de la patrie allemande; il n'est pas un uhlan qui ne croie porter en lui la race germanique.

A cet esprit de race, qu'opposerons-nous? L'obéissance, la discipline. Oui, sans doute; mais à un esprit déchaîné, il faut opposer un autre esprit. Quel sera-t-il? Le génie de la France? L'esprit de la race latine? Je voudrais y ajouter l'esprit républicain, la cause de l'humanité affranchie.

Les Allemands ne parlent que du peuple allemand, parlons au nom de tous.

Ils redeviennent les barbares, redevenons le soldat de la civilisation.

Ils n'aiment que le Teuton, appelons-en au monde.

Aujourd'hui que l'organisation napoléonienne a été détruite pour la seconde fois, ce n'est pas un simple général qui lui redonnera la vie. Créer de rien quelque chose n'est pas le fait d'un homme. Qu'est-ce donc qui donnera le sceau nouveau à l'armée française? Ce ne peut être le souvenir immortalisé de la prise de Paris sur la Commune.

On ne ferait là qu'une armée de guerre civile. Ce n'est pas un individu qui lui donnera son caractère.

Un principe nouveau de gouvernement est seul capable de cette création. Seule aujourd'hui la République peut refaire des armées sur le modèle de la meilleure de toutes, l'armée du Rhin de 1796, avant que Napoléon l'eût conquise pour lui.

XIV

PEUT-ON VAINCRE CONTRE SON OPINION?

Maxime qui domine tout : un général en chef ne peut vaincre, malgré lui, contre son opinion.

Comment un général qui ne voit, n'accepte, ne conçoit que la monarchie, pourrait-il faire vaincre la République ? Comment un général qui ne reconnaît pour salutaire que le catholicisme pourrait-il faire vaincre la libre-pensée, la philosophie ? Cela ne s'est pas vu encore dans le monde, cela ne se verra jamais.

Malheureusement vous pensez volontiers qu'il se fera pour nous une exception à la règle universelle ; d'où il arrive que ce qui est honoré chez les autres peuples devient aisément chez nous un commencement de crime et de honte.

Exemple : Tous les peuples ont glorifié ceux qui se sont obstinés à tenir tête à l'ennemi, principalement lorsqu'ils avaient encore avec eux huit cent mille hommes sous les drapeaux et onze cents pièces de canon attelées. Chez nous, cette ferme volonté de disputer le sol de la patrie, de repousser l'invasion, s'est appelée folie, fureur, impiété.

Tant que vous n'extirperez pas cette facilité à accepter la défaite, ne parlez pas de réorganiser une armée. Vous ne pourrez qu'organiser la défaite.

Nous avons vu ce qu'étaient des chefs qui répondaient à tout pour cacher le courtisan : Je ne sais ce que c'est que la politique ; je ne suis que soldat, disaient-ils.

Qu'est devenu le soldat, à l'heure suprême ?

Il a disparu avec l'homme.

En effet, l'homme, qui prétend n'être que machine, n'est après tout qu'une pauvre machine. Je le défie d'atteindre à la perfection de la pierre brute. Elle au moins a gardé une étincelle.

Avec des âmes d'argile, on ne fera jamais des armées indomptables.

Un corps d'armée détruit dans le combat est un moindre dommage pour une nation qu'un corps d'armée qui survit, sain et sauf, en se rendant prisonnier. Les légions de Varus, exterminées dans les forêts de la Germanie, n'affaiblirent pas l'empire ; mais, quand les légions commencèrent à déposer *sagement* les armes dans les guerres d'Orient, ce fut la fin du monde romain.

L'affaiblissement de l'esprit national a seul rendu possible la perte de nos deux provinces, l'Alsace et la Lorraine. La renaissance de l'esprit national dans l'armée peut seule nous les rendre.

XV

ÉTAT DE SIÉGE.

Toutes les questions qui regardent la France doivent se résumer dans ce mot : régénération nationale. Appliquons ce point de vue à l'état de siége, la question se résout de la manière suivante :

L'état de siége, s'il devient une méthode de gouvernement, a pour effet de placer l'esprit public sous la force armée, de voiler la justice régulière, de ne laisser paraître que le glaive, d'accoutumer les âmes à trembler devant le sabre, d'anéantir le citoyen, de ne laisser subsister que le tributaire. Par là il est clair qu'un régime semblable est fait pour retenir sous le joug étranger un peuple conquis. C'est la méthode employée par le gouvernement russe pour extirper la nationalité des provinces polonaises.

Que s'ensuit-il? Que l'état de siége, appliqué par un gouvernement national à ses nationaux, doit être nécessairement limité à une très courte durée. Si, au contraire, on le prolonge indéfiniment, ce système, commode aux gouvernants, devient mortel aux gouvernés; car le système de la conquête ne peut être appliqué d'une manière durable à des compatriotes sans renverser toute idée raisonnable. Il tend à changer une population indépendante en une population conquise et envahie; il donne à un peuple qui s'appartient les lois qui ne conviennent qu'à un peuple tombé sous une force étrangère.

Il extirpe ce qu'il faut entretenir, le sentiment de la dignité civile, pour ne laisser prévaloir que le respect du plus fort.

Il fait un peuple enclin à toutes les révoltes ou livré à toutes les peurs.

Est-ce ainsi que l'on régénère l'esprit public? ou est-ce ainsi qu'on le corrompt sans mesure?

En 1850, des hommes qui se croyaient libéraux imaginèrent de mettre l'état de siége au milieu de la France et de le maintenir indéfiniment. Par là ils frappèrent la France au cœur; ils livrèrent la proie toute macérée au 2 décembre.

La raison veut que la loi martiale soit essentiellement transitoire; sinon elle détruit ceux qu'elle prétend défendre; elle corrompt ceux qu'elle veut corriger.

Faire exercer indéfiniment la justice contre des civils par l'armée, immanquable moyen de corrompre à la fois la nation, le gouvernement et l'armée :

La nation, parce que des châtiments immodérés et continus ne lui laissent pour sentiment que la haine, encore plus que la crainte ;

Le gouvernement, parce que l'emploi prolongé de la force lui rend toute contradiction odieuse ;

L'armée, parce que, occupée à punir, elle se fait centre de tout et s'accoutume à la toute-puissance.

Craignez d'avilir votre nation.

XVI

UNE RÉFORME DE DÉTAIL.

Les naturalistes ont découvert, de nos jours, une loi qui peut avoir ici son application. Dans les espèces animales, celles qui, par la couleur de la fourrure ou du plumage, peuvent le mieux échapper à la vue, en se confondant avec les couleurs des terrains, des bois, des champs, ont un avantage certain, une supériorité marquée sur celles que des couleurs plus voyantes désignent de loin à leurs ennemis.

De même entre deux armées, que l'on peut toujours considérer comme deux espèces rivales. Toutes choses égales d'ailleurs, l'armée qui, grâce à la couleur de son uniforme, pourra le mieux se dérober à la vue, dans les forêts, les taillis, les clairières, les champs de blé, les replis de terrain, aura nécessairement un avantage considérable sur les troupes que de brillantes couleurs signaleront de loin à la vue et aux attaques de leurs adversaires.

Cette différence est bien plus frappante depuis que les coups se portent de si loin. Les troupes prussiennes, allemandes, avec la teinte sombre de leur uniforme, se rendaient facilement invisibles. Nous avions peine à comprendre qu'elles pussent se poster, avancer, se former, se déployer sous bois sans être aperçues. Cela passait pour un art tout nouveau. Les couleurs brunes, éteintes, de leurs longues tuniques, contribuaient pour beaucoup à la perfection de cet art des reconnaissances et des surprises.

Au contraire, les troupes françaises, avec leurs képis rouges, leurs pantalons rouges, leurs épaulettes scintillantes, leurs galons d'or, ont un coloris trop éclatant ; il les trahit, les désigne de trop loin à tous les coups.

Elles ne peuvent s'embusquer dans un bois, ni s'approcher de l'ennemi, sans être aussitôt signalées par cet éclat qui flamboie, comme un point de mire sur le terrain, à travers les fouillis les plus épais.

Les uniformes rouges des Anglais, les uniformes blancs des Autrichiens, leur donnaient l'infériorité sur le bleu foncé des Français de la Révolution et de l'Empire. Aujourd'hui le changement dans la portée des armes à feu doit amener un changement correspondant dans la couleur des uniformes.

Avec la longue portée et la précision des armes actuelles, il faut que les troupes ne se signalent pas elles-mêmes au tir de l'ennemi. La couleur prend une importance qu'elle n'avait pas autrefois : le brun, le noir, le vert domineront ; le blanc, le rouge, le jaune d'or finiront par disparaître.

XVII

RENOUVELLEMENT DE L'ESPRIT NATIONAL.
INSTRUCTION PUBLIQUE ET CLÉRICALISME. — ÉMANCIPER L'ÉCOLE. — L'IGNORANCE VOLONTAIRE.

La souffrance est la condition de tout être qui se transforme. L'oiseau mue et change de plumage ; il souffre. Le serpent change de peau ; il souffre. De même, le quadrupède qui change de robe ou de fourrure. Et l'homme n'a-t-il pas aussi ses âges de croissance, qui sont des âges de douleurs ?

Ne vous alarmez donc pas outre mesure, si la France aussi souffre à en mourir. Signe de transformation, non de ruine. Elle change d'âge, elle ne meurt pas.

J'ai parlé du principe de la réorganisation militaire ; il s'agit maintenant de réparer et d'armer l'esprit national. Ceci regarde l'éducation et l'enseignement.

Ce qui a été vaincu en France par la Prusse, c'est le césarisme, le bonapartisme, le jésuitisme, le cléricalisme. Qu'on ne les remette pas en ligne; ils seront battus, sur quelque terrain qu'ils se présentent.

Quant à la France que j'ai connue, la France de l'esprit, de la liberté, elle n'est que blessée. Travaillons à la guérir ; refaisons pour cela un nouvel esprit en toutes choses.

Il a été démontré que la plupart de nos méthodes d'enseignement ne sont que celles des écoles de jésuites. Il faut sortir de là. Et le moyen, si vous faites dépendre le changement de ceux-là mêmes qui le détestent ?

Depuis quarante ans, époque de la conversion des classes dites supérieures et du libéralisme français au jésuitisme, la vie de l'instruction publique a été arrêtée et glacée par la peur que l'on a de l'intelligence.

Que l'évêque domine dans l'Eglise, cela regarde l'Eglise; mais qu'il règne aussi sur la société laïque par son droit de présence, de vote, par sa toute-puissance dans les conseils suprêmes de l'instruction laïque, c'est par là que nous sortons des conditions de la société moderne.

Je n'examine pas si la papauté a bien fait de déclarer la guerre aux institutions des peuples libres ; il me suffit de savoir que par toutes ses paroles, par tous ses actes, elle a jeté l'interdit sur ces institutions.

Comment donc concevoir que les agents de la papauté, c'est-à-dire les évêques, soient appelés à tenir dans leurs mains les écoles, les facultés, les académies, qui ont pour devoir de préparer les générations nouvelles à l'exercice de ces libertés civiles que condamne et répudie l'Eglise par la voix de son chef ?

Ici se montre la plaie de la France, telle que je l'ai exposée tant de fois. Son Eglise va dans un sens, ses institutions politiques et civiles dans un autre. Supplice de Brunehaut, liée à deux chevaux qui doivent finir par la démembrer.

Cette incompatibilité que j'ai établie depuis si longtemps est maintenant avouée, publiée par la papauté elle-même. Que reste-t-il à dire ?

Mettre aujourd'hui les évêques à la tête de l'instruction publique dans les conseils, c'est rejeter l'esprit français hors du mouvement des peuples modernes ;

C'est rabaisser le niveau de l'enseignement au-dessous de l'Amérique du Sud ;

C'est fermer aux générations nouvelles la voie scientifique ;

C'est les lier à l'esprit de l'*Encyclique* et du *Syllabus ;*

C'est consacrer à jamais la supériorité des races allemandes, qui ne subiront jamais le joug des prêtres romains.

Aucun des grands enseignements qui ont illustré l'Allemagne et ses universités n'eût été possible, s'ils eussent été soumis aux évêques d'un conseil supérieur. Figurez-vous, si vous le pouvez, Schiller, Fichte, Schelling, Hégel, Niebuhr, Creuzer, obligés de se conformer à la science de Mgr Parisis.

Et qui consentira parmi nous à se ranger sous le bâton pastoral des évêques? Qui s'abaissera à ne traiter les lettres, l'histoire, les sciences, que selon l'esprit des autorités ecclésiastiques? Après tant de travaux, de concours, d'épreuves de tout genre, aboutir à ne penser, n'enseigner, ne parler que sous l'œil des ennemis jurés de l'esprit humain : qui acceptera cet affreux contrat? Ceux qui ne pourront faire autrement. Les autres fuiront une carrière où chaque jour serait une servitude.

Ainsi, abaissement continu des idées, des études, toute méthode nouvelle condamnée d'avance, la routine devenue le premier des devoirs; le personnel du corps enseignant diminué de valeur, appauvri de talents, réduit à un métier sans dignité, sans profit, ni d'esprit, ni de corps, au-dessous de toute autre industrie; les écoles du Paraguay en perspective: tel est l'avenir de l'enseignement sous la houlette de l'*Encyclique* et du *Syllabus*. En y songeant, je sens l'odeur des peuples morts.

Voilà ce que je disais, il y a bientôt un demi-siècle. Je suis obligé de le redire; et qui sait si d'autres ne seront pas obligés de le répéter après moi?

Espèces et variétés du cléricalisme : il y a le légitimisme clérical, l'orléanisme clérical, le libéralisme clérical, le militarisme clérical, le bonapartisme clérical. Est-il bien sûr, hélas ! qu'il n'y aura pas le républicanisme clérical ?

Mais pourquoi le cléricalisme est-il la mort de la France ? Parce qu'il met le prêtre à la place de Dieu, c'est-à-dire le faux en toutes choses, l'apparence à la place de la réalité, le masque au lieu de l'homme, le militarisme au lieu de l'héroïsme.

Une société fondée sur cette base serait une société menteuse ; malheur à qui ne saurait pas mentir ! Elle n'aurait que la surface, elle serait un tronc pourri à qui manque la sève. Vienne le moindre orage, il est déraciné.

La nation française veut-elle courir la chance d'être martyrisée pour ce beau dogme qui met l'étouffement de l'esprit humain au premier rang dans l'ordre des vérités ? Elle le peut, cela lui sera facile.

Remarquez, en effet, que le chemin est tracé. Depuis que tout le monde parle en France officiellement de la cour romaine, comme de la religion d'Etat de la France, la décadence ne s'est pas arrêtée un seul jour.

Vous pouvez vous donner le plaisir de périr pour la gloire du *Syllabus;* dites au moins franchement qu'il vous plaît de mourir de cette mort.

L'honneur sera d'autant plus grand que vous serez seuls dans l'arène, et que personne ne vous disputera la palme ; car sachez que vous dépenserez inutilement, pour cette cause, votre dernier soldat et votre dernier sou. Vous n'obligerez pas le monde à subir l'infaillibilité d'un homme et l'anéantissement de la raison humaine.

Laissez là ce défi à l'humanité, la terre entière a pris parti.

Ne vous mettez pas en guerre contre l'esprit humain. Vous avez été le peuple de la lumière, n'essayez pas d'être le peuple des ténèbres.

Je vous le répète pour la centième fois, les ténèbres sont vaincues.

Ou, si rien ne peut vous arrêter, si vous avez la passion de vous engloutir vivants, que ce soit du moins une joie de martyr, non une chute d'aveugle.

Livrez-vous alors volontairement et sciemment, la tête droite, aux bêtes du cirque, je le comprends ; mais ne soyez pas leur dupe.

Tout le monde parle de l'ignorance du peuple. Parlons donc une fois de l'ignorance des classes dirigeantes.

Quel est, à votre avis, le plus ignorant ? Est-ce celui qui l'est volontairement, ou celui qui l'est malgré lui ? Répondez.

Est-ce le paysan, qui ne sait pas lire, mais dont l'esprit peut s'ouvrir demain à la lumière des faits, à l'évidence d'une parole de justice ?

Ou bien, est-ce l'homme du monde qui sait épeler,

il est vrai, mais qui veut ignorer l'A B C de la justice et de la raison, qui emploie ses ressources, sa fortune, ses lumières acquises, à s'aveugler volontairement, qui y réussit à merveille, qui comble son intelligence d'idées fausses ou mortes, de préjugés fossiles, qui, à force de routine, d'endurcissement, se fait une âme de pierre, fermée à toute pitié, à toute humanité, et devient incapable de concevoir une seule des notions nécessaires à l'État moderne ?

De quel côté, dites-le moi, est la nuit de l'intelligence, c'est-à-dire l'ignorance irrémédiable ?

L'un a du moins gardé l'instinct. L'autre l'a extirpé et remplacé par tout ce qu'il a pu ramasser de contre-vérités et de sophismes dont le reste du monde ne veut plus.

L'un est une page blanche, où la vérité peut un jour s'écrire en termes lumineux. L'autre est une page effacée, brouillée, noire, qui n'appartient plus au livre de vie.

Il n'est pire aveugle que celui qui ne veut pas ouvrir les yeux. Il n'est pire ignorant que celui qui ne veut pas savoir.

XVIII

INSTRUCTION ÉLÉMENTAIRE OBLIGATOIRE.

Que doivent penser les étrangers en nous voyant arrêtés dès le seuil par cette question, sans pouvoir passer outre : la France a-t-elle le droit d'apprendre à lire ?

Une objection nous est faite, au nom de la meilleure des mères, l'Eglise, qui nous berce sur son giron : Obliger l'enfant d'apprendre à lire, grand Dieu ! c'est attenter à la liberté du père de famille.

Voilà, pour nos adversaires, la formule trouvée ; voyons ce qu'elle cache.

Il fut un temps où le père de famille avait le droit de vendre ses enfants, et même de les tuer. Si quelqu'un lui eût contesté ce droit sacré, les conservateurs libéraux de ce temps-là eussent dit qu'il attentait à la liberté du père de famille. Tel était le droit barbare, l'idée païenne des rapports du père et de l'enfant.

Aujourd'hui on pousse la modération jusqu'à abandonner cette partie de la législation barbare. Personne, que je sache, n'exige le droit de vie et de mort pour l'autorité paternelle. Mais pourtant on en garde ce point : le père a le droit de retenir ses enfants dans la servitude de l'ignorance à perpétuité, de leur interdire à jamais l'entrée dans la société cultivée, d'en faire des ilotes de l'intelligence, des sourds et des aveugles d'esprit, de leur crever les yeux à ce minimum de lumière, sans lequel l'homme n'est qu'une moitié d'homme.

Hier encore, n'était-ce pas ainsi que l'on comprenait le droit du maître d'esclaves ? N'avons-nous pas entendu ce même cri indigné chez le possesseur de bétail humain ? Apprendre à lire à un de ses négrillons, c'était, disait-il, attenter à sa liberté de négrier. Faire épeler l'enfant de l'esclave, c'était voler le maître. Crime contre la propriété.

Ainsi il est certain que la seule objection à la nécessité de l'instruction primaire est un dernier legs de ces législations homicides qui faisaient de l'enfant la chose du père, et du père la chose du maître.

Il y a pourtant encore d'autres motifs que je ne dois pas oublier, tels que celui-ci : les sauvages ont le droit d'aplatir entre deux planches le front de leurs enfants. Nous nous contenterons de comprimer la tête et l'esprit des nôtres jusqu'à l'abâtardissement de la race. N'est-ce pas notre droit ?

Nous ne les tuerons pas, nous ne les vendrons pas ; seulement nous les empêcherons de naître à l'intelligence. Ce ne sera pas un meurtre, ce sera un avortement. Aurons-nous donc moins de liberté que les sauvages ?

Comment, d'ailleurs, nous nier un droit à l'ignorance; traditionnel, historique, si ancien qu'il remonte aux païens, aux Barbares, et même aux hommes des bois ? Rien de plus respectable qu'une pareille antiquité.

Ajoutez encore cette raison sans réplique : en 1524, Luther réclamait déjà l'instruction populaire, obligatoire. C'est donc visiblement une hérésie, une tentation du diable.

Assez, je vous prie, sur cette question ; il est honteux d'avoir encore à la poser. La rougeur monte au visage.

XIX

INSTRUCTION PRIMAIRE, GRATUITE ET LAÏQUE.

Voici la question la plus importante qui puisse nous être présentée. Faisons taire l'esprit de parti, les passions politiques. De quoi s'agit-il ? De former des générations nouvelles qui rendent à la France sa supériorité morale.

Il s'agit de lutter avec la Prusse sur le champ de bataille de la civilisation. Même après que la paix est faite, la lutte ardente continue. Qui l'emportera dans l'ordre intellectuel, la France ou l'Allemagne ? Ne croyez pas que la Prusse, enrichie de nos dépouilles, nous laisse en repos. Elle marche, elle avance. Marchons donc aussi à notre tour.

Si les circonstances étaient ordinaires, la loi proposée serait un progrès qui satisferait beaucoup d'esprits. Mais suffit-elle dans les circonstances cruelles d'où nous voulons sortir ? Contient-elle les éléments, le principe nécessaire de la régénération ? C'est ce que je vais examiner, en me bornant à quelques points.

La loi établit le principe de l'instruction primaire obligatoire. Rien de mieux, de plus nécessaire. Je n'insiste pas sur l'évidence reconnue de tous ou de presque tous. L'Europe admet ce principe comme la pierre angulaire de la civilisation. Nous ne pouvons pas entrer dans la régénération en restant au-dessous de tous les peuples qui nous entourent.

Mais, contrairement au projet de loi, j'ajoute que l'obligation de s'instruire entraîne chez nous la gratuité. On objecte que la Prusse, avec laquelle nous devons rivaliser, a l'obligation et non pas la gratuité de l'instruction primaire. A cela je réponds que la Prusse est un État protestant, et qu'il est dans la nature du protestantisme de développer l'instruction populaire, par cette raison que tout protestant doit pouvoir lire et au besoin interpréter les Écritures. Chez nous, ce motif d'impulsion n'existe pas. Nous sommes obligés de le remplacer par quelque chose. La force d'impulsion donnée à l'enseignement primaire sera la gratuité.

Je vois bien que l'exposé des motifs déclare que l'instruction sera gratuite pour ceux qui n'auront pas de quoi la payer. Mais c'est là peut-être qu'est le plus grand vice de la loi. Pourquoi cela ? Le voici.

Dans notre ancienne éducation, si imparfaite, il y avait au moins ceci d'excellent, que les enfants se sentaient pendant quelque temps tous égaux sur les bancs de l'école. C'était là un premier principe de concorde. Ils étaient vraiment amis. Pauvreté et richesse étaient réunies et avaient même cœur. Si les souvenirs des écoles sont si précieux à beaucoup d'hommes faits, c'est qu'ils y trouvent des éléments de concorde, des amitiés qui leur rappellent qu'ils font tous partie du même peuple.

Dans la loi nouvelle, que voyons-nous ? Le banc des pauvres et le banc des riches. Rien de plus funeste, de plus contraire à l'idée de régénération. Les enfants de six à treize ans n'auront plus ce moment, unique dans leur existence, où ils ignoraient nos fatales divisions ; la loi elle-même les leur fera sentir durement et presque dès le berceau.

Nous nous plaignons de l'envie ; elle s'assiéra de par la loi dans les écoles primaires. Les enfants se sentiront partagés comme autrefois en Italie, en *peuple maigre* et en *peuple gras*. Ah ! quels nouveaux ferments de haine, et si précoces ! Je ne puis y penser.

Des générations nouvelles qui se jalouseraient en entrant dans la vie ! Non, ne faisons pas cela. Ne jetons pas nous-mêmes la haine et la discorde dans le cœur de l'enfant.

J'arrive aux matières et aux objets de l'instruction

primaire. Qu'enseignera-t-on? Ce qui était prescrit par la loi de 1854. Rien de plus, rien de moins. Il y aurait trop à dire sur cette question : je me bornerai à l'indispensable.

Quoi! la France aura changé de régime, elle aura passé du principe césarien au principe républicain; tout devra être renouvelé dans ses institutions, dans son esprit; et l'enseignement, le principe de la renaissance, ne sera modifié en aucun point! L'enfant apprendra sous la République ce qu'il apprenait sous l'empire, pas un mot de plus! Il recevra aujourd'hui le même fonds, les mêmes impressions, les mêmes notions qu'au lendemain du 2 décembre!

Non, cela n'est pas possible. Et qui ne sait que de six à treize ans, c'est l'âge où se fonde dans l'homme tout ce qu'il sera plus tard!

Je ne veux pas dire que l'enfant doive entrer dans nos luttes politiques. A Dieu ne plaise! Mais je prétends que certaines notions de bien public, de patrie, de vie nationale ont été sauvées, et je ne puis comprendre que l'enfant y reste étranger.

En Suisse, j'ai vu les enfants indigents recevoir, dès le premier enseignement, des notions de patrie, d'histoire nationale et même de civisme, qui préparaient l'homme dans l'enfant. Et nous, en France, nous commencerions notre renaissance nationale en mettant l'enfant sous l'invocation de l'enseignement impérial de 1854, sans y rien ajouter!

Renonçons à de pareilles pensées. Partout en Europe l'enfant sait, apprend dans l'école à quelle patrie il appartient, à quel régime, s'il doit aimer le roi ou la République et la Confédération. Gardons-nous de faire naître l'intelligence de l'enfant dans le vide absolu sur ce qui concerne son pays, sa nation. L'homme sera plus tard ce qu'aura été l'enfant.

Je finis en touchant la question la plus difficile, de laquelle les autres dépendent; je veux dire la nécessité de l'esprit laïque dans l'enseignement, seul moyen de rompre avec la routine et de faire entrer la France en possession des libertés modernes. Si j'évitais cette question, je manquerais à un devoir.

Dans tout l'ensemble de la loi, un point ne peut manquer de vous frapper. C'est un extrême embarras pour concilier deux choses inconciliables, les intérêts de l'instruction laïque et les intérêts du domaine ecclésiastique. Dans plusieurs cas, la loi abandonne le principe sur lequel est fondé l'État en France. Par exemple, tandis que la société civile a pour principe son indépendance vis-à-vis des cultes, la loi admet que les écoles de l'Etat pourront être dirigées par les membres d'un clergé qui ne reconnaît pas et ne peut reconnaître l'égalité absolue des cultes. C'est rentrer dans la religion d'État. S'agit-il de l'indépendance de l'instituteur? Il reste sous la surveillance ou plutôt sous la tutelle du curé ou du desservant.

En un mot, on sent partout, dans cette loi, un effort

impuissant pour lier en un même système le temporel et le spirituel.

Il y a vingt-trois ans, dans l'assemblée législative de 1849, j'étais déjà frappé de ce qu'il y a d'impossible dans le problème de l'instruction laïque, tel qu'il est posé chez nous. Les forces de l'État s'y épuiseraient vainement. Je présentai un projet de loi (1) par lequel je demandais la séparation de l'Église et de l'État, au moins dans l'école.

Je montrais que le peuple le plus religieux d'Europe et peut-être le plus sensé, le peuple hollandais, était arrivé, il y a près d'un siècle, à cette solution. Elle est seule capable de faire cesser les contradictions perpétuelles où vient se briser l'enseignement de France à tous les degrés.

Quoique j'aie assurément peu d'espérance de faire accepter aujourd'hui cette solution, je la propose encore une fois à une autre assemblée. J'y suis encouragé par cette pensée :

Nos malheurs incomparables doivent nous apprendre une chose : pour guérir de si grands maux, il nous faut de grands remèdes.

(1) V. *L'Enseignement du peuple.* Solution, T. XI de mes *Œuvres complètes*, p. 110-122.

XX

LE MANUEL DU CITOYEN.

Dans le village que j'habitais en Suisse, j'ai souvent admiré les petits résumés que l'enfant rapportait de l'école, car ils formaient un manuel du citoyen suisse. Les traditions qui font l'homme libre étaient déjà le sujet des dictées de ces citoyens de dix à douze ans. Avec quelle force ces notions de liberté et de patriotisme s'enracinaient d'elles-mêmes dans ces esprits naissants ! Mêlées aux premières impressions rustiques du paysan, écrites sur la page encore blanche du livre de vie, rien ne pourra les effacer.

Pourquoi, me disais-je, ne verrions-nous pas quelque chose de semblable en France ? La vraie tradition de liberté ne s'extirpe si facilement chez nous que parce qu'elle est semée trop tard à la surface dans les intelligences, et seulement par les tempêtes. Faisons qu'elle se confonde avec nos premières notions; elle sera pour nous une des racines de l'existence. Enfouissons le bon grain plus profondément; les vents ne l'emporteront plus.

Surtout cessons de croire que nous sommes montés à de si hautes pensées que l'enfant ne peut y atteindre. Il a, pour nous suivre dans nos élans, des perceptions obscures, des intuitions qui ne sont pas les nôtres. Dans nos plus fortes enjambées, il nous suit fort bien à petits pas nombreux. Croyez qu'il comprend à sa manière beaucoup plus que vous n'imaginez. Si nous savions lui parler, il n'est presque aucune de nos pensées les plus superbes dont il ne puisse faire sa petite part.

Tout grands que nous nous figurons être, nous sommes restés petits et dans les langes, à beaucoup d'égards. Rien d'étonnant que les petits puissent marcher avec nous ou nous rejoindre là où nous avons pris l'avance.

Il n'est de solide dans l'homme que ce qui a été en germe dans l'enfant. Voilà pourquoi tant de ténèbres involontaires résistent chez nous à toutes les lumières du siècle. Jetées avec l'homme dans son berceau, elles ont grandi avec lui; elles l'étouffent, il a peur de s'en délivrer.

Essayons donc enfin de semer, dans le premier âge, la lumière, l'évidence, la vérité, la justice, la liberté, la patrie. Elles auront le temps de croître; si l'orage vient, elles se roidiront contre l'orage.

Confions la vie nouvelle à des esprits nouveaux.

Ce que j'ai vu en Suisse de plus charmant, de plus réconfortant pour l'âme humaine, ce sont les fêtes d'enfants. Je suis encore des yeux, dans les replis de la montagne, ces interminables files d'enfants, distribuées en sections, chacune avec le drapeau national, qui passe de main en main ; la journée entière occupée par leurs chants, à l'ombre des sapins; leurs repas en commun, fête de l'espérance et de l'avenir.

La ville de Lyon a voulu importer chez elle une fête semblable; mais la routine monacale s'est indignée. Il y avait là un premier germe de régénération morale par l'enfant; c'était l'image inconnue de la liberté naissante.

« Qu'est-ce que cette orgie stupide des petits voyous lyonnais? »

— Bien, messieurs. Courage, continuez.

Emanciper l'école! Je l'ai demandé en 1848, je le demande encore aujourd'hui. Mais ce qui était impossible en 1848 ne l'est pas moins aujourd'hui, après vingt-quatre ans, tant les liens du cléricalisme se sont enroulés autour des esprits, pendant la nuit et le silence du second Empire!

France, pauvre Laocoon, je te retrouve, mais enlacée dans les plis et les replis des noirs reptiles qui se se sont noués autour de toi et de tes jeunes fils! Qui te délivrera de ces nœuds et de ces morsures? Tes enfants ont beau tendre leurs bras et t'appeler à leur aide; tu ne fais rien pour eux. Au moins souffres-tu de leurs maux? ou as-tu déjà le froid et l'indifférence de la pierre? On le croirait, à voir ton immobilité.

XXI

INSTRUCTION SUPÉRIEURE. — NOUVELLE INTERPRÉTATION DES ARTS ET DE L'ANTIQUITÉ.

Comment relèverons-nous ce peuple, si nous rejetons ce qui peut rétablir la force de l'âme ? Que chacun cultive assidûment sa raison ; car, dans les calamités publiques, la raison est un champ qui se couvre subitement de ronces et d'herbes folles, comme tous les endroits que la guerre a dévastés.

Se ressaisir, reprendre son équilibre, ce doit être l'effort de chacun : d'où la nécessité non-seulement des travaux industriels, agricoles, mais aussi des grands travaux de l'intelligence. Nous avons à nous remettre d'accord avec les temps lumineux et prospères de l'humanité.

A cela doivent servir les grandes forces amassées

de l'intelligence humaine dans les œuvres des grands hommes. Elles réparent l'esprit des vaincus ; elles rendent l'héritage du genre humain à ceux qui ont tout perdu.

Essayez ce que peuvent les arts, les œuvres de l'antiquité; vous vous sentirez renaître dans ces sources sacrées; tout prendra pour vous un sens nouveau.

Les marbres des anciens, leurs statues, leurs temples, leurs poèmes, leurs histoires, ont des secrets à vous dire, que vous ne pouviez comprendre auparavant. Leur sérénité vous pénétrera. Demandez-leur la paix, la raison, l'équilibre; ils en ont fait provision pour vous.

Sublime Vénus, échappée comme nous, avec nous, de la ruine, reviens à la lumière. Donne-nous ce que tu possèdes, enseigne-nous la grandeur et la force de l'âme. Apprends-nous à surgir, comme toi, des flots amers, le front serein, les yeux fixés sur l'immense avenir.

Après nos calamités, quand j'ai rencontré pour la première fois une statue grecque, un poème grec, il m'a semblé que je ne les avais jamais vus auparavant m'accueillir de ce sourire divin. Que n'avaient-ils pas à me dire ? Pendant le siége de Paris, au fracas nocturne des obus qui pleuvaient sur mon toit, Homère m'a soutenu ; il m'a sauvé de la famine. Essayez de ce divin remède.

Les créations des temps passés revivent devant

nous, plus belles, plus jeunes. Elles semblent nous dire : Vois ! nous n'avons pas changé. Mais toi, France, pourquoi es-tu si dépouillée ? De quelle nuit sors-tu ? Les Barbares ont-ils voulu te renverser et disperser tes membres ? Reviens parmi nous sur ton ancien piédestal, France, sœur, amie, fille, comme nous, de l'éternelle beauté.

Oui, pour panser tant de plaies de la France, je voudrais appeler ici tous les dieux et les déesses, et toutes les œuvres où l'esprit humain a mis sa puissance, sa grandeur, sa raison, sa bonté, son espérance.

Quand les anciens auront apporté leurs baumes à ce blessé, je veux encore que les modernes y ajoutent leur plus pur breuvage, et que la coupe se remplisse jusqu'aux bords des pleurs de la terre et du ciel.

Dans l'abîme où nous sommes tombés, combien Homère me semble rajeuni ! que Platon me semble plus splendide, Aristote plus puissant ! Je sens la main de ces grands hommes ; ils me tirent du gouffre, ils me ramènent à l'éternelle lumière. Salut, aurore divine, jour nouveau, ciel que je croyais ne pas revoir !

Je m'étais souvent demandé comment les guerres de l'antiquité grecque, à la belle époque de Périclès, avaient laissé si peu de traces de douleur dans les œuvres des contemporains. Je n'entendais aucun écho des cités envahies et saccagées. Si j'interrogeais les commentateurs, ils me répondaient par l'éloge accoutumé du calme antique ; j'étais bien forcé de me rendre à cette raison.

La première fois que je relus une page de l'antiquité grecque, depuis la capitulation de Paris, ce que je cherchais m'apparut sur-le-champ. Nos désastres m'éclairèrent. J'entendis les cris de désolation auxquels j'avais été sourd jusque-là. Je discernai les gémissements des prisonniers, les clameurs des populations asservies ; je reconnus les angoisses de notre Alsace, de notre Lorraine, dans les paroles entrecoupées qui s'échappaient du monde grec.

Et où cela ? demanderez-vous. Je vais vous le dire, sans crainte de me tromper. Je retrouve, j'entends les lamentations de la Grèce vaincue, non pas dans les historiens qui se faisaient une loi de rester impassibles, mais chez les hommes qui parlaient au nom du peuple; je veux dire dans les chœurs tragiques, et principalement dans Euripide.

Euripide avait assisté aux horreurs d'une guerre de vingt-deux ans ; il avait vu passer devant lui les blessés, les veuves, les mères, les orphelins, les captifs, et il a répété leurs sanglots; il a écrit avec leurs larmes. Cela est pris sur la nature. Seulement il a rejeté ces échos de la guerre du Péloponèse dans les ruines et l'incendie de Troie. Les cris se sont éloignés, mais ils sont si perçants qu'ils arrivent à votre oreille. C'est la vie et non pas l'imitation de la vie. Lisez, à ce point de vue, les *Troyennes*, *Hécube*, les *Suppliantes;* vous reconnaîtrez avec moi le cri d'une douleur toute vive. Vous sentirez saigner vos blessures.

Ainsi nos misères actuelles rajeunissent pour nous ce vieux monde immortel ; elles donnent un sens plus profond à ce que nous savions ; elles nous font découvrir ce que nous n'avions jamais aperçu. Elles nous profiteront à nous-mêmes et à nos descendants, si nous savons en user.

Nous sommes au seuil d'un grand nombre de sciences nées d'hier, philologiques, historiques, naturelles. Les langues grecque, latine, nous ouvrent des horizons inconnus, depuis que nous pouvons suivre leurs origines jusque dans les langues de la haute Asie. Et l'histoire naturelle, quelles perspectives imprévues, infinies ! Ne dites pas que ces études sont inutiles à la France ; dites au contraire que la France a besoin de se retremper dans ces deux sources, l'antiquité et la nature.

Nous avons à changer de méthodes presque en chaque chose. Quelle invitation à penser, à vivre ! Et comment oser parler de la décrépitude d'un peuple, à l'heure où le genre humain se renouvelle ? Baignez-vous dans ces effluves de vie. Eussiez-vous la vieillesse d'Eson, vous vous rajeunirez.

Il y a aussi une éducation du peuple par la peinture.

Malgré l'esclavage de l'Italie, elle n'a pu retourner à la barbarie. La vue de ses chefs-d'œuvre, perpétuellement placés sous les yeux du peuple, l'a maintenue au rang des vivants, et l'a empêchée de se décomposer dans son sépulcre de trois siècles.

Que vous disent ces œuvres italiennes, nées et grandies dans la défaite ? Toutes ont une voix pour redire : Défi à l'adversité, à l'infortune ! Victoire de l'âme ! L'esprit seul est vainqueur.

La pureté de Raphaël lui a été donnée pour purifier le monde du seizième siècle ; elle peut encore vous purifier vous-mêmes des souillures du dix-neuvième.

XXII

HYGIÈNE DE L'ESPRIT.

L'Allemagne écrasée par Napoléon, comment fit-elle pour se relever ? Ce que ferait une fourmilière foulée sous les pieds d'un passant : tout s'ébranle, s'agite, fermente. Vous diriez que la terre s'anime ; la poussière devient vie, travail, action.

Ce ne fut pas seulement la landwehr qui sortit tout armée de la poussière des derniers champs de bataille. Les esprits aussi s'armèrent de pensées qu'ils ne connaissaient pas encore. Il n'y eut pas seulement une gymnastique pour fortifier les bras, mais une gymnastique intellectuelle pour fortifier les intelligences. On porta en chaque chose la passion nationale. Même en scrutant les langues anciennes, les civilisations mortes et le champ de l'antiquité, les Allemands marchaient à la conquête du passé. La science devint patriotisme.

Ils eurent d'abord l'ambition de s'emparer de tous les temps écoulés, pour y planter le drapeau allemand.

Les systèmes, il est vrai, détruisaient les systèmes; mais ces révolutions de l'intelligence attestaient la vitalité renaissante de l'esprit. L'âme de la nation était entretenue dans une perpétuelle activité ; elle planait au plus haut des airs, et nous disions : « Voilà les rêveurs. » Au contraire, ces prétendus songeurs, retirés dans les nues, ne négligeaient pas la terre ; ils n'attendaient que l'occasion de fondre sur ceux qui les prenaient pour des songes-creux. Plus ils s'étaient élevés dans la nue, plus ils acquéraient de force pour se jeter sur la proie.

Ne croyons pas qu'en abaissant nos âmes, nous prenions avantage contre de tels ennemis ; ils savent au besoin se donner contre nous les ailes des chimères.

La gymnastique est devenue un art, chez les Allemands, après leurs défaites. Ils voulurent retremper leurs forces physiques. Des prisonniers qui auraient été longtemps enchaînés travailleraient de même à déroidir leurs membres. Ce fut un art que d'exercer ses bras, de plier et de replier son corps, de l'accoutumer à tous les mouvements dont est capable une créature humaine. On n'aurait jamais cru que des exercices physiques pussent être l'objet d'un si sérieux enthousiasme. Cet art nouveau s'ennoblissait par le but : il s'agissait de former de jeunes athlètes pour les combats et les représailles de l'avenir.

Sans négliger de fortifier le corps, je voudrais qu'on y joignît une gymnastique de l'intelligence, une hygiène de l'esprit.

Dans la chute d'une nation telle que la France, chaque individu se sent déraciné ; il tombe d'une chute infinie et ne sent plus la terre sous ses pieds. A quoi se prendre quand, à la place d'un grand peuple, il ne trouve que le vide ? A la religion officielle ? Elle est elle-même l'ennemie qui condamne en lui la vie moderne. Que fera-t-il dans cet universel néant ? Où trouvera-t-il le fond pour se retrouver lui-même ? Il espèrera contre toute espérance ; il ressaisira dans l'abîme le point où se réunissent la science de l'homme et la science de la Nature. Ces vérités, que personne ne peut lui arracher, seront pour lui le fondement de sa nouvelle vie : premier degré pour raffermir en lui l'intelligence ébranlée.

Pauvre âme troublée qui cherches à te retrouver dans les ruines, que te dirai-je ? Tu as perdu ton chemin ; reviens à une vérité quelconque ; la plus simple te ramènera à toutes les autres.

Il devait y avoir de ces âmes affolées dans les ruines de Jérusalem.

Cultivez l'homme et non pas seulement la profession.

La routine, qui est un engourdissement, une pétrification de l'esprit, vous a perdus. Les corps spéciaux se sont trouvés ignorer complétement la spécialité dans laquelle ils s'étaient renfermés; ceux qui n'avaient jamais vu dans le monde que leurs canons avaient fini par ignorer ce que c'est qu'un canon en l'an 1870.

Si l'esprit s'engourdit, il faut avant tout lui rendre sa vitalité. Quel moyen d'y parvenir ?

Il y a une hygiène de la pensée qui conserve la santé de l'esprit. Le clouer sur un même point, l'y absorber sans relâche, sûr moyen do lo stériliser.

Evitez les idées fixes ; elles sont la marque d'un esprit qui s'épuise, dans un individu comme dans une nation. Je cherche ici l'art de sortir de la spécialité pour y rentrer bientôt avec des forces renouvelées.

Un exemple nous mettra sur la voie. Pourquoi Corneille, après ses premiers chefs-d'œuvre, n'a-t-il produit que des tragédies avortées ? Comment ce beau génie s'est-il usé si vite ? Parce qu'il s'est obstiné dans le même moule, dans la même spécialité, sans rien faire pour se transformer. L'activité de cet esprit créateur s'est consumée dans la répétition monotone de ses premières œuvres. S'il avait pu les oublier, il aurait tenté d'autres voies ; il s'y serait rajeuni.

Ne devenons pas les esclaves de nos œuvres, de quelque nature qu'elles soient ; sachons les oublier nous-mêmes, pour ne pas nous pétrifier. La faculté qu'il importe de sauver la première est la faculté de croître et de grandir.

Tant qu'une nation conserve en elle la puissance de produire et de créer, nul coup du sort ne peut l'abattre. Entretenez donc cette puissance de création qui se fait jour dans toutes les formes de l'activité humaine. Osez. La mort ne peut rien sur un peuple qui continue de créer, au profit de tous, une chose utile ou belle.

Lorsque l'esprit d'un homme devient malade pour s'être trop longtemps consumé dans une science ou un art, le vrai remède n'est pas celui que l'on conseille ordinairement, l'inaction absolue; car cette inaction est impossible. Elle n'est qu'apparente; elle laisse place à de demi-pensées, où l'esprit se trompe et achève de se ruiner.

Le remède, quel est-il donc ? C'est de remplir l'esprit d'un objet tout nouveau, sans aucun rapport avec l'ancien. Vous êtes-vous consumé, comme Rousseau, dans les conceptions morales et politiques? faites, comme Rousseau, de la botanique. L'instinct l'avait conduit à ce moyen de rendre l'équilibre à son âme éperdue. Avez-vous dépensé vos forces, comme Daubenton, dans l'histoire naturelle? sortez, comme Daubenton, de votre laboratoire; appelez à votre aide l'imagination pure. Aristote est encore ici le grand maître dans cette hygiène de l'esprit; il a conservé jusqu'au bout la jeunesse de son intelligence en renouvelant ses forces, en accroissant son domaine.

L'intelligence qui semble épuisée se repose et se féconde dans un ordre inconnu de faits, d'idées, de vérités. Lorsqu'elle revient ensuite à son premier objet, il lui paraît nouveau ; elle y découvre ce qu'elle n'avait pas aperçu.

Voilà un moyen certain de renouveler, de fertiliser le génie de l'individu ; il en est assurément de même d'une nation.

Celle qui veut vivre doit avoir plusieurs époques et, pour ainsi dire, *plusieurs manières*, comme les grands esprits ou les grands peintres.

L'intérêt de la France à passer de la royauté à la république n'est pas seulement, comme on le dit, la sécurité ou la conservation des biens acquis. Il y a, pour une nation qui semblait vieillie, un intérêt de salut à faire alliance intime avec un esprit nouveau. Elle acquiert, dans cette transformation, comme de nouveaux organes ; elle se rajeunit par les idées nouvelles qu'apporte nécessairement son changement d'état. Elle dépérissait dans l'ancienne forme, dont elle avait épuisé toutes les combinaisons ; elle refaisait incessamment dans son histoire les mauvaises tragédies de Corneille. Laissez ce moule, entrez dans un autre : la vie est à ce prix.

Ce n'est pas la France qui est vieillie, c'est la monarchie.

Le roi Louis-Philippe ne cessait de répéter à ses intimes : « La France est une vieille carriole qu'il faut laisser sous la remise. » Ce mot, souvent redit à voix basse, était le mot du règne. Si la France retombait aux mains des monarchies, nul doute que cette parole ne redevînt une vérité. La vieille carriole moisirait sous la remise, dans la poussière. D'autres nations s'élanceraient sur la route de l'avenir.

Dans l'antiquité, Hésiode, voyant les vieilles monarchies grecques périr autour de lui, croyait aussi que la Grèce était vieille et périssait, sur son char, avec les dynasties antiques; il croyait que tout était perdu. De là son esprit chagrin, ses plaintes amères sur la méchanceté et la décadence de son temps. Sous les formes caduques de la royauté hellénique, il ne prévoyait pas l'efflorescence de la nouvelle Grèce républicaine; il ne prévoyait ni Marathon, ni Salamine, ni Périclès, ni Socrate, ni Platon, ni Sophocle.

Ainsi, de nos jours, beaucoup de gens croient que tout est perdu, et que la France est vieillie, parce que l'époque des dynasties et des vieilles royautés va se perdre et s'engloutir dans l'informe *Adès*.

Fuyons l'esprit chagrin; il ne convient qu'aux ruines. Il méconnaît le vivant, il n'aime que les choses mortes.

XXIII

CONDITION DES ÉCRIVAINS EN FRANCE. LES ACADÉMIES.

On a vu un nouveau mouvement d'esprit éclater en Allemagne de 1807 à 1815, sous le coup des invasions françaises. Même explosion de l'esprit a éclaté en France après les invasions allemandes et européennes de 1814. Dans les deux cas, chez les Allemands et chez les Français, le dernier terme de l'adversité a marqué le commencement de la régénération littéraire et morale. La défaite a servi d'aiguillon à ces deux peuples ; ce qui devait les perdre les a sauvés. Ils se sont excités l'un par l'autre. Iéna a éperonné l'Allemagne, et Waterloo, la France.

Pourquoi n'en serait-il pas de même encore aujourd'hui ? Que n'avons-nous pas à reconquérir par l'esprit ! Que de provinces nouvelles à ajouter à notre

10.

ancien domaine intellectuel! Chaque idée neuve et vraie enfante pour nous un avenir certain. Ensevelissons ces noms affreux de Wœrth, de Forbach, de Sedan, sous les noms des œuvres que le génie français porte encore dans son sein. Toute création originale de l'art ou des lettres, toute découverte des sciences sera un accroissement de vie nationale.

Dans ce travail de régénération, que peuvent faire les académies ? Il vaut la peine de l'examiner.

L'écrivain se sent presque toujours seul en France. Sa vie est un combat contre le public, qui, même conquis par lui, se défend de l'aimer comme d'une faiblesse. Il n'est véritablement reconnu et en sûreté que s'il porte un sceau officiel. Jusque-là, on est toujours prêt à lui reprendre le lendemain ce qu'on lui a accordé la veille.

Il m'a fallu arriver jusqu'à l'âge où je suis pour comprendre une chose à laquelle je n'avais jamais pensé. Dans ce profond isolement, qui est en même temps une bataille, les académies offrent à l'écrivain français, non pas seulement une pâture de vanité, mais un lieu de refuge, un retranchement, une communauté cloîtrée qui le préserve de la mêlée de chaque jour. C'est l'immortalite au moins pendant sa vie, l'armure de Vulcain qui le couvre contre les traits et les pierres. Depuis le jour où il a reçu ce signe officiel, il a ses clients, ses pages, ses flatteurs, qui l'accompagnent jusqu'à la mort pour réclamer son héritage. Il se sent supérieur au destin. Ce ne sont pas ses œuvres qui font sa renommée, c'est sa *position* qui fait le mérite de ses œuvres.

Cette manière d'envisager la vie littéraire est particulière à la France. J'en ai montré les avantages. En voici quelques inconvénients :

Il se forme dans les académies ce que les naturalistes appellent des arrêts de développement. Ce sont des traditions qui ont eu leur moment d'utilité et d'éclat ; mais ces moments sont passés, et les académies cherchent à les perpétuer.

Ce qui a été un esprit de création devient un empêchement à la vie. Comme tout le monde met sa gloire à entrer dans ces corps, les jeunes gens sont obligés de se renfermer dans les moules qu'il faudrait au contraire renouveler et briser. La jeunesse se fait vieillesse ; le printemps de l'année devient plagiaire de l'hiver.

On [ne traite que les questions proposées par les académies ; naturellement on résout ces problèmes dans le sens qui doit plaire. Pendant ce temps-là, les autres peuples qui ne connaissent pas ces entraves suivent le grand chemin de la vérité. Amusés par nos fêtes académiques, nous perdons de vue les problèmes vivants de notre époque.

Un savant étranger me racontait qu'il avait demandé à l'un des principaux savants de l'Institut de France :

Que faites-vous, à l'Institut, de la question qui occupe en ce moment la science européenne?

Réponse. — Oh! nous ne nous occupons pas en France de ces questions.

Hélas! il n'avait que trop raison.

A cela quel remède? Il est certain que l'écrivain qui reste seul rencontre, à chaque pas, des obstacles faits pour le désespérer, s'il n'a pas une volonté de fer. Il est encore plus certain que s'il se propose pour but d'entrer dans un corps académique, la moitié de ses forces se dépensent en capitulations. Il doit laisser à la porte, pour gage, la fierté de son esprit, qui semble une révolte à tous les sages dont la devise est le *statu quo* littéraire et scientifique.

Telle est la difficulté. Les coups terribles qui ont frappé la France réveilleront-ils les académies? Le patriotisme fera-t-il ce miracle? Sentiront-elles qu'il n'est plus permis de jouer avec les hommes, les mots, les lettres, les sciences? que tout se renouvelle autour de nous? que le vif des questions nous presse? que nous périssons si nous ne nous renouvelons à notre tour?

En France, lorsqu'un écrivain a achevé ses ouvrages, il n'a rien fait encore. Sa véritable étude, ses labeurs, ses veilles, ne commencent que le jour où il a fini son œuvre. Il s'agit alors de lui trouver des prôneurs, c'est-à-dire de la faire louer par ses rivaux. Travail d'Hercule où se consume le plus pur de son génie.

Quand il a lui-même enfin séduit la renommée, embouché pour son compte ses cent trompettes, quand déjà l'haleine lui manque, vous croyez que l'heure du repos est arrivée pour lui? Erreur ! Voici, au contraire, la tâche nouvelle qui se dresse devant lui ; voici la voix terrible qui se fait entendre dans le plus intime de son être : « Malheureux ! tu n'es pas de l'Académie. Hâte-toi, il faut en être. »

Comprenez-vous ce que ces mots renferment d'efforts désespérés, d'humiliations, de prosternations, de refus obstinés, de faux espoirs, de supplications détournées et redoublées, de mécomptes cuisants, d'affronts, de serpents vivants à avaler, et toujours le sourire sur les lèvres ? Si vous le comprenez, n'êtes-vous pas étonné que des hommes se jettent volontairement dans cet excès de misère, sans y être au préalable condamnés par les rigueurs de la loi ?

Renoncer à sa personne, à sa pensée, suspendre son existence, se faire, dans le monde intellectuel, l'homme lige d'une coterie de beaux-esprits, ou plutôt d'un seul qui mène le troupeau ! Si encore il ne fallait que le servage d'un moment ! Mais non : la vie entière se passe dans cette attente, dans ce néant. Une, deux, trois fois refusé, c'est peu de chose. Vous portez encore la tête trop droite. Repassez dans quelques années, quand le temps, l'obséquiosité, le vasselage de l'intelligence, le jeûne de l'esprit, vous auront macéré. Alors peut-être sur le seuil de la vieillesse, après que l'humiliation répétée, l'attente indéfinie, vous auront courbé jusqu'à terre, émacié d'esprit comme de corps, la porte basse tant désirée s'ouvrira pour vous. Sous la coupole, une voix vous dira : Entre ! voilà la récompense de ta sagesse ! — Hélas ! direz-vous, il est bien tard ; la voix, le souffle, la vie me manquent pour vous répondre. — C'est la gloire, mon ami, telle que nous la distribuons. — O misère ! abrégez la cérémonie. Vous me l'avez fait trop attendre. Du moins, venez à mes obsèques.

De bonne foi, est-ce par des institutions de ce genre que nous prétendons rajeunir chez nous le génie des lettres et des arts ? N'allez pas du moins en faire une intrigue perpétuelle.

XXIV

L'ÉCRIVAIN FRANÇAIS DEVANT LA LOI.

Grâce à l'exil, j'ai passé vingt ans de ma vie chez des peuples libres. Dans ces vingt ans, je n'ai pas vu un seul procès de presse. J'en conclus qu'on ne fonde pas la liberté en châtiant comme un délit l'esprit et la pensée.

Je ferai même l'aveu d'une espérance qui me reste au milieu de nos désastres et de nos ruines. Cette espérance s'appuie sur l'exemple de deux grandes nations.

La France a terrassé l'Allemagne de 1807 à 1813; et c'est sous les pas de l'invasion française que s'est développé l'esprit allemand.

C'est après Iéna, sous les coups répétés de nos armes, que l'Allemagne s'est élevée, dans l'ordre scientifique, philosophique, intellectuel, à cette puissance dont nous voyons aujourd'hui les résultats. Comment un pareil prodige s'est-il accompli ? Par la liberté laissée aux écrivains, aux penseurs de toutes les opinions.

En France, même prodige. C'est après les invasions de 1814 et de 1815, sous les coups des armées étrangères de toute l'Europe, que l'esprit français s'est réveillé de sa léthargie.

C'est alors qu'il a produit dans tous les genres ce mouvement d'idées, ces œuvres diverses qui ont étonné nos vainqueurs et les ont forcés d'admirer et d'imiter ceux qu'ils croyaient avoir ensevelis pour toujours.

Comment cette rénovation de la France s'est-elle accomplie ? Encore une fois, parce qu'une certaine liberté a été accordée ; que cette liberté, après l'étouffement de l'empire, a paru plus précieuse, et que l'esprit français s'est hâté d'en profiter pour renaître.

Il est donc certain qu'une nation, même courbée sous la défaite, peut bientôt se relever, se régénérer et étonner le monde, si sa législation ne s'ajoute pas à ses vainqueurs pour l'écraser. Nous sommes aujourd'hui dans le même abîme qu'après 1814 et 1815. Malgré cela, je crois que la France a conservé assez d'énergies cachées, morales, intellectuelles, pour s'élever à une situation supérieure ; je ne désespère pas, à l'âge où je suis, de voir la France ajouter une nouvelle vie à sa vie passée, de nouvelle œuvres à ses œuvres, une nouvelle culture à sa culture, de nouveaux éléments à ses éléments anciens, et, pour tout dire, une nouvelle époque de création et de génie aux époques qui ont fait sa gloire.

Pour que de pareilles espérances de régénération ne soient pas trompées, la première nécessité, c'est que la loi n'étouffe pas elle-même les germes de renaissance et de vie nationale.

La condition de l'écrivain est pire en France qu'en aucun autre lieu de l'Europe. La loi le tient pour suspect; elle l'environne de défiances et de piéges. L'écrivain, en France, a autour de lui les gouffres ouverts que Pascal croyait voir à chaque pas; mais ces gouffres ne sont que trop réels : ce sont les accusations, les procès, les condamnations plus dures chez nous que chez aucun autre peuple. Nos plus grands écrivains ont expié leur génie dans les prisons. Et pourquoi? Parce qu'à chaque pas se dressent contre eux des lois vagues, indéfinies, le plus souvent incompréhensibles, qui ne peuvent ni ne veulent spécifier les délits ou les crimes forgés par les légistes.

Que peut faire l'écrivain français contre lequel se dresse cet arsenal inépuisable? De quelque côté qu'il se tourne, il rencontre les mêmes impossibilités, les mêmes accusations : outrage à la morale publique, outrage à la religion, outrage à je ne sais quelle métaphysique convenue, excitation à la haine. On dirait que l'esprit français s'est ingénié à extirper l'esprit français; c'est merveille que l'on n'y soit pas parvenu.

Pour moi, je déclare qu'il est impossible à aucun de vous, à aucun homme de France, d'écrire sérieusement sur un sujet sérieux, avec la certitude qu'il ne tombe pas sous la vindicte de l'une des lois de répression en vigueur.

C'est là ce que beaucoup de gens appellent des lois libérales! Voyons la réalité et appelons les choses par leur nom : l'essence de cette législation est de poursuivre le crime de penser.

Encore si nous étions dans une situation ordinaire! Mais l'ennemi est chez nous, il nous a ôté nos frontières.

Que nous reste-t-il ? Une seule chose : la puissance de l'esprit, que le monde reconnaît encore comme la principale richesse de la France. Gardons-nous donc de démanteler cette dernière puissance qui nous a été laissée; ne désespérons pas l'intelligence en l'étouffant sous les défiances et les menaces perpétuelles de lois aveugles.

Je demande que l'on fasse enfin disparaître de nos codes, et pour toujours, cette législation vague, espèce de torture infligée à tout être qui pense, ce questionnaire informe qui empêcherait, s'il était suivi à la lettre, toute question vitale, toute idée, toute innovation dans le domaine scientifique, politique ou philosophique et littéraire.

L'écrivain a fait en grande partie la France moderne. Je demande qu'il ne soit pas mis au ban par les institutions qu'il a faites. Je demande qu'il sache au moins clairement quels sont ses risques et périls lorsqu'il travaille à l'honneur ou à la liberté de son pays.

XXV

LA LIBERTÉ D'ESPRIT.

La liberté d'esprit n'existe pas chez nous, elle est tout entière à fonder.

Nous avons eu dans ce siècle un philosophe qui a conservé la faveur du monde; mais celui-là a livré la philosophie à la théologie.

On vous permet de ressasser un peu de Descartes et de Bossuet; si vous sortez de ce cercle, vous sortez du cercle des honnêtes gens.

En cela, nous sommes tout le contraire des Grecs. Pour eux, le monde des honnêtes gens, ils l'appelaient le monde *libre;* car la liberté était pour eux le signe des hautes classes, la marque de la *distinction.* Chez nous, c'est différent : la liberté de l'esprit se trouve être l'opposé de la *bonne compagnie.* Où nous mènera cette peur de l'intelligence, cette haine de la liberté en toute matière ?

Des penseurs, tels que Schelling, Hegel, Darwin, qui ont eu toutes les hardiesses de l'esprit et qui ont conservé la faveur du monde et de l'autorité, ne seraient pas des êtres possibles en France. Il faut chez nous choisir, dès le premier pas, entre le monde et la vérité.

A mesure qu'un écrivain fait un progrès dans la lumière, il se brouille avec la bonne compagnie ; après chaque conquête intellectuelle, il faut qu'il brûle ses vaisseaux.

On sent en tout une société qui, ayant pour base le catholicisme, rejette la liberté d'examen et n'en concède que l'apparence.

Un homme qui dit en France sincèrement ce qu'il pense sur l'univers, la nature, la création, l'âme, le corps, l'origine des espèces, se met en dehors de la règle. Il y a sur tout cela un manuel convenu, un Syllabus philosophique, une orthodoxie littéraire dont il n'est pas permis de se départir. La recherche de la vérité pour elle-même est un commencement de faction.

Appelez-vous liberté la permission de penser, s'il faut la payer par la haine de tout ce qui vous entoure ? J'appelle cette intolérance la servitude la plus dure de l'esprit.

Peu à peu se forme une philosophie pour chaque état de fortune.

Il me semblait autrefois que la richesse devait servir à l'indépendance de l'esprit. Tout au contraire, la France est le seul pays, que je sache, où la servitude de l'intelligence augmente en proportion de la richesse. Il y a parmi nous des opinions, des idées, toute une métaphysique obligatoire pour telle condition de fortune. On croit sur l'univers, la nature, le visible et l'invisible, ce que l'on est tenu de croire d'après le rang que l'on occupe sur le tableau du percepteur. Telle cote, tel idéal.

J'ai eu peine à m'accoutumer, en France, à voir tant d'hommes craindre de penser et s'y refuser, à mesure que le sort les favorise. Comment, de gaîté de cœur, refusent-ils de s'approcher de la vérité ou du moins de la chercher?

Si j'avais possédé des millions, il m'est impossible de concevoir que j'eusse renoncé, ce jour-là, à écouter le vrai, à le posséder. Que m'eussent servi mes richesses, si j'avais dû m'appauvrir au dedans jusqu'à l'extrême indigence? Singulière indépendance matérielle, qui a pour condition le servage absolu de tout ce qui est l'homme.

Cette contradiction, voilà une de nos plus extrêmes misères. Celui que la fortune met au pinacle pour éclairer les autres se crève les yeux. La lumière ne nous arrive plus d'en haut, mais d'en bas; elle sort toute meurtrie d'un soupirail.

Pour corriger un état si monstrueux, il faudrait convaincre les hommes que le plus grand bien qui s'attache à la fortune est de pouvoir exercer en toute liberté et sincérité son intelligence; que la richesse ne doit être qu'un instrument de l'esprit; qu'il n'y a pas de bien-être sans le bien-être de l'âme, lequel réside dans la possession de la lumière. Mais un tel discours serait pis qu'inutile, il passerait pour insensé.

Pourtant, ce qui semblerait extravagant aujourd'hui a été regardé comme la raison même chez tous les peuples, dans leur âge de prospérité. La grosse bourgeoisie d'Italie n'amassait pas seulement pour amasser et jouir. Avec ses capitaux, elle faisait de la lumière, elle servait l'art, elle agrandissait la pensée, elle occupait l'âme humaine. Elle thésaurisait pour le compte de la vérité, de la beauté.

XXVI

LE PESSIMISME.

Fuyez le pessimisme comme un vice. Si l'espérance est nécessaire aux religieux, elle l'est cent fois plus encore à l'homme politique. Sans elle, il périt chaque jour; tout vivant, il ne lui reste rien de lui-même.

Pauvre Cléon, tu répètes à tous les échos : « La France est morte, la France est pourrie. » Après cela, que te reste-t-il à faire ? A te coucher sur la pierre à côté de ce prétendu cadavre. Prends-y garde. Ce n'est pas la France qui est morte. Toi seul es mort, qui colportes avec indifférence cette nouvelle sur la place publique. Laisse là les obsèques de la France, et parle-nous des tiennes. Ne manque pas de nous avertir du jour que tu choisis pour ton enterrement; nous serons là, et nous réciterons sur toi, pour *De profundis*, ta dernière palinodie.

J'ai toujours vu que ceux qui désespèrent de leur pays, et qui jouent le mieux le rôle de pleureuses dans le grand convoi de la patrie, arrivent promptement à cette utile conclusion : que c'est duperie de faire un sacrifice quelconque à une chose qu'ils prétendent morte. Dans le naufrage du grand tout, ils s'appliquent du moins à sauver la partie qui les touche de près, c'est-à-dire leur ambition, leur désir de faire fortune. Une place depuis longtemps convoitée, un honnête traitement : voilà ce qui surnage, dans le désastre public, aux longs espoirs passés, aux magnifiques horizons entrevus pour la patrie. Comme ils caressent en secret ce noble art de parvenir, devenu le principe et la fin de tous les arts ! Quelle discrétion ! quelles mines soucieuses et plombées ! Ils se taisent, ils se dérobent. N'approchez pas d'eux, au moins de vingt pas. Si vous alliez renverser en passant ce pot au lait qui déborde ! C'est alors qu'il faudrait gémir sur l'anéantissement de la fortune publique brisée au port.

Le despotisme, après avoir tout divisé chez nous, avait entrepris de diviser aussi les générations. On dit qu'il était près d'y réussir.

Dans une nation saine, les générations vivantes se tiennent par la main et s'enchaînent l'une à l'autre pour former l'unité de l'esprit public. Le plus mauvais symptôme pour un peuple serait d'être partagé en autant de tronçons qu'il y a d'âges différents dans les contemporains. Les jeunes n'auraient rien de commun avec les vieux, les adolescents avec les jeunes, les fils avec leurs pères. N'est-ce pas l'image de la décomposition ?

Si vous voulez refaire un peuple, refaites d'abord l'unité de ce grand flot qui descend de l'aïeul au père, du père au fils, de l'adolescent à l'enfant ; car cette unité de pensées, de traditions, d'instinct, c'est la vie d'une nation.

La séparation systématique entre les âges est une lésion des organes, un commencement de mort. C'est une chute du monde organique dans le monde inorganique.

Une seule chose m'a surpris depuis mon retour en France, l'indifférence des Français les uns pour les autres. Ils ont été tant de fois trompés dans leur espoir, les promesses ont été si mal tenues, les hommes d'avenir sont devenus si vite des hommes du passé ! Après de telles expériences, on s'est dégoûté des personnes. On se défend de toute sympathie comme d'une embûche. Chacun vit isolé de tous les autres. Êtes-vous mort? Qui s'en inquiète ? N'êtes-vous que blessé, ou prisonnier, ou affligé, ou déporté ? Belle question ! Qui y pensera demain ?

Dans cette solitude, je cherche ce qui peut nous sauver, et voici ce que j'entrevois : puisque vous supprimez les personnes, profitez-en pour vous attacher à l'ensemble. Les affections privées s'effacent; excellente occasion pour ne voir que le bien public. Il y a eu des temps où les individus absorbaient les regards et voilaient le fond des choses. Les individus ont cessé de vous intéresser. Admirable disposition pour vous consacrer à la nation, qui n'est plus voilée par des ombres. Les ombres vous ont trompés, adressez-vous au réel. L'ébranlement du sol a fait tomber les feuilles qui semblaient l'honneur du grand arbre, mais l'arbre vous reste encore. Attachez-vous au tronc, il ne vous manquera pas.

XXVII

AVANTAGES A TIRER DE LA CALOMNIE.

Le mensonge devient de nos jours une vertu théologale.

Cette rage de calomnie qui s'est emparée de tant d'esprits en France, qu'annonce-t-elle ? On pourrait croire que c'est une décomposition de l'esprit. Mais la même fureur (*rabies calumniandi*) dont se plaignait Érasme a été un des traits du seizième siècle. Nous survivrons comme lui à cette maladie endémique de l'esprit clérical.

N'espérez pas vous concilier l'homme de servitude ; il vous hait d'une haine folle que rien ne peut rassasier. Après dix ans, vingt ans, vous rentrez dans votre pays ; vous croyez que la haine s'est lassée ? Non ! elle est debout, plus jeune, plus insatiable, plus vigilante, plus amoureuse de noirceurs qu'au jour de votre départ !

Bel exemple pour l'amour ! Que n'imite-t-il la haine en durée, en force inextinguible, en éternelle jeunesse ?

Chose étrange que ces regards de haine, ces gestes de fureur ! Et tous appartiennent à la même patrie ; ils n'ont qu'une heure, et ils la passent à se maudire. Ici, tout près, dans les galeries, ces mausolées, ces tombeaux rangés à côté les uns des autres, ces portraits, ces statues de tout ce qui a un nom en France, ce palais rempli des ombres de tout ce qui fut grand, ne pourraient-ils pas avertir les vivants et leur rendre la paix, au moins pour une heure ?

Ce qui semble le plus perdu en France est la fierté de l'homme de bien. Il faut qu'il apprenne à dire et à redire : Remarquez bien, mes chers concitoyens, ce fait rare, incroyable, unique entre tous : « Je ne suis ni un incendiaire ni un assassin. »

S'il se révolte contre une pareille déclaration, s'il la trouve honteuse, non pour lui, mais pour sa nation ; s'il ne condescend pas à mêler cette rhétorique à tous ses discours, à en faire l'exorde et la péroraison, quelle belle proie pour la calomnie ! elle s'en repaît avec délices.

Eh bien ! oui. Qu'ils crient, qu'ils ricanent, qu'ils vocifèrent, qu'ils vomissent leur pieux pétrole sur nos pensées, sur nos espérances, nos actions, cela ne fait point de mal. Pour moi, j'y gagne un petit avant-goût de l'enfer, qui satisfait pleinement ma curiosité.

Il faut désormais que l'écrivain français s'accoutume à penser, à marcher, à avancer au milieu d'une pluie de boue. Cette épreuve peut lui être utile, si sa soif de vérité ne diminue pas. Qu'il ne se laisse pas distraire un instant par les imprécations; c'est par elles qu'il doit mesurer sa puissance.

J'ai montré plus haut que la tâche de l'écrivain est plus difficile en France qu'en aucun autre pays d'Europe. N'importe! marchons, avançons! Nous ne ferons pas taire la haine; ne l'essayons pas, ne le désirons pas. Elle doit être notre compagne fidèle, c'est notre ombre. Elle nous suit tant que nous marchons dans la lumière; elle ne nous quittera que si la lumière nous quitte. Malheur à nous, si elle nous abandonnait un seul jour! Nous aurions ce jour-là abandonné la vérité pour les ténèbres.

Il est bon, il est utile de te blaser sur l'enfer. Grincements de dents, rires, ricanements, esprits faux, esprits dupes, esprits entrelacés de vipères, qu'est-ce qui pourra après cela t'étonner dans les aboiements de Cerbère?

Écoute autour de toi, sans t'agiter, les hurlements des trois gueules; écoute aussi, sans tressaillir, les sifflements de Python. Cerbère et Python sont des ombres qui passent; ils n'empêcheront pas les rossignols de chanter au prochain mois de mai, dans la saison des roses.

XXVIII

LA RÉACTION.

La révolution et la réaction sont les deux pôles d'une pile de Volta qui produit deux électricités opposées; en se rencontrant, ces deux électricités font jaillir l'étincelle gigantesque qui foudroie tout un peuple.

La réaction en France a toujours eu le même caractère : marcher à reculons contre la force des choses; impossibilité de s'accommoder des droits nouveaux; la langue même devenue une perpétuelle embûche. Conservation veut dire destruction des progrès acquis par la nation française; modération, comprenez par là colère, passion, déchaînement de l'esprit mort contre l'esprit vivant; classe dirigeante, incapacité de se laisser éclairer par un seul rayon des vérités universelles.

Dans Aristote, la description scientifique de la décrépitude morale est littéralement le tableau des *hommes d'ordre* de nos jours. Exceptons-en la pitié qu'il attribue aux vieillards, à tort, d'après ce que je vois.

Ils nous disent qu'il faut garder l'esprit de tradition. Je le veux bien. Mais la tradition, chez nous, c'est l'esclavage; il s'agit, non de le perpétuer, mais d'en sortir.

Quand je vais au fond de la réaction française, je reconnais toujours que ce qui en est l'âme, c'est le catholicisme, c'est-à-dire l'aversion de la liberté moderne, vivante, quelle qu'en soit la forme.

Chez les peuples étrangers, je trouvais dans les conservateurs les plus résolus une foule de points par lesquels l'esprit moderne se faisait jour. La conversation était ce qu'elle doit être, un échange de sentiments où l'on se pénètre d'âme à âme. En France, il est presque impossible de rien découvrir de semblable. Je sens trop tôt l'esprit de routine ou plutôt l'esprit de mort qui condamne la vie sous toutes ses formes. Cet esprit a acquis une seule chose, l'art de se dissimuler sous des maximes convenues; il sait se dérober, changer de nom.

Cent fois je lui ai demandé dans l'intimité : Esprit de mort, aimable esprit, jusqu'où veux-tu reculer? Dis-moi au moins confidentiellement à quelle époque, à quelle ruine tu veux remonter? Je garderai fidèlement ton secret. Apprends-moi seulement ceci : Où fixes-tu la borne à laquelle tu t'arrêteras pour te dérober à ce siècle ?

Jamais il n'a pu me le dire. Quelquefois il essayait ; mais il se ravisait aussitôt, et s'évaporait avec son ricanement ordinaire.

Nous l'avons vu remonter à la restauration, à l'ancien régime, à Mérovée, aux douze Césars. Tout lui est bon, pourvu qu'il échappe à notre temps ; le seul où il ne puisse vivre, c'est le nôtre. La peur du présent le rejette dans le passé, et le plus lointain est pour lui le meilleur ; il s'y engloutit, il s'y pétrifie. Je cherche la vie, je trouve un fossile.

Et c'est avec cet esprit que vous voulez composer une seconde chambre ? Organiser l'esprit de routine, est-ce là vraiment ce qu'il y a de plus urgent ? Mais la routine se suffit grandement à elle-même ; elle nous obsède en toute matière. Quel besoin d'en faire un troisième pouvoir dans l'Etat ? Elle règne, c'est assez.

Si jamais la vie libre était établie en France, vous pourriez alors poser des questions de ce genre, réclamer pour les droits blessés de l'inertie. Nous vous écouterions. Aujourd'hui il est déjà si difficile de découvrir un atôme de liberté, d'activité morale ! Est-ce bien le moment de nous refouler dans la routine ?

Nous avons à naître ; est-ce l'heure de nous ensevelir ? Pour conserver des institutions de vie, il faut d'abord qu'elles existent. Quelle nécessité de les entraver avant qu'elles ne soient? Vous savez qu'une seconde chambre ne peut être de nos jours qu'un empêchement à toute innovation. Nous nous traînons à peine; déjà vous tremblez de nous voir courir. Laissez-nous donc apprendre à marcher; il sera temps après cela de nous lier les pieds.

N'oubliez jamais ceci : chez nous, ce qui est faible de toute faiblesse, c'est la vie libre. Ce qui est fort depuis quinze cents ans, ce qui renaît de soi-même, c'est la réaction. Allez donc au secours du faible; le fort fera ses affaires sans vous.

Sciemment et obstinément, la réaction française est arrivée, en tous sujets, politiques, religieux, philosophiques, à une somme accumulée d'idées rétrogrades, décrépites, que l'on ne trouverait ainsi réunies à ce point en aucun autre endroit d'Europe; elle représente le résidu et les cendres de tout ce qui est mort dans l'esprit humain.

Ailleurs la réaction est mêlée de lueurs, elle se dément par quelques points. Ici on est parvenu, en toutes matières, à un système complet, qui se refuse à toutes les conditions de la vie moderne. Sous la pression de la grande machine, l'ultramontanisme, on a réussi à faire le vide absolu; pas un germe de renaissance n'a échappé.

Voyez et comparez. Les hobereaux de Prusse ont depuis soixante ans l'instruction obligatoire, le service obligatoire ; depuis trois siècles, ils ont vomi le saint-siége et sont par là des hommes nouveaux. Les conservateurs italiens vont à la séparation de l'Église et de l'État, à la sécularisation des biens du clergé ; les Russes tendent à l'esprit laïque, l'Autriche déchire le Concordat, la Bavière fait sa réforme, les Cosaques ont 'instruction obligatoire. Même les carlistes espagnols ont leurs *fueros*. Voilà pour la réaction européenne ; elle a ses racines dans les choses modernes. Mais la réaction française, où plonge-t-elle ses racines ? Dans l'arrière moyen âge.

Sur ce terrain, si ses idées se remettaient en ligne, tenez-les pour battues d'avance, quels que soient l'armement, l'équipement, l'habillement et le champ de bataille.

XXIX

LES NOUVEAUX DOCTRINAIRES. — PROBLÈMES IMPOSSIBLES.

Dès le lendemain de la révolution de 1830, ceux qui ont été portés par le flot au pouvoir se sont retournés, effrayés de leur victoire. Au lieu de s'asseoir solidement en lui donnant une grande base, ils ont employé tout leur esprit à perdre ce qui avait été gagné en trois jours. Ils pouvaient tenter d'organiser le progrès accompli ; ils ont usé leurs forces à le détruire. C'est ce qu'ils appelaient politique de résistance.

Miner leur propre raison d'être jusqu'à ce qu'ils n'eussent plus sous les pieds qu'une couche artificielle qui devait nécessairement s'effondrer à la première occasion, tourner contre la révolution l'autorité que la révolution leur avait donnée : c'était le problème qu'ils poursuivaient.

Avec eux, apparaît déjà cette formule étrange du libéralisme sans libéraux, devenue aujourd'hui la formule de la République sans républicains. Benjamin Constant, Dupont (de l'Eure), Bignon, tous ceux qui avaient mis la main à l'œuvre de 1830 et lutté ouvertement contre la Restauration, étaient déclarés *impossibles* dans le gouvernement qui l'avait renversée.

Vide étonnant chez des esprits qui s'étaient réservés pour eux-mêmes l'épithète de *sérieux*. Ils ne parlaient que d'imiter la révolution d'Angleterre, et ils avaient oublié que jamais, en Angleterre, personne n'a imaginé ce genre sérieux. Le *protestantisme sans protestants* eût paru insensé aux fondateurs de la liberté anglaise.

Chez nous, au lendemain de 1830, il fallait déjà *être sage;* et ce que l'on appelle sagesse en France est d'oublier, sitôt que l'on a vaincu, tous les principes que l'on a arborés pour se donner la victoire. Celui qui les oublie le mieux est le plus sage.

Rien n'étonne plus aujourd'hui que de voir par quels petits stratagèmes, par quels fils d'araignée, par quelles barrières de roseaux, on croyait alors dompter la force des choses et réfuter l'évidence. La grande mer de la démocratie s'avançait; on y opposait je ne sais quels mots convenus, que l'on croyait magiques. La suprême marque de sagesse politique était de déclarer que l'on ne céderait rien au déluge.

J'ai vu des aveugles de naissance se vanter jusqu'au dernier moment de l'excellence de leur coup d'œil. Embarqués sur le grand fleuve, ils fermaient leurs oreilles au bruit du Niagara. Précipités, ils se vantaient encore, en tournoyant dans le vide, entre ciel et terre.

Prenons garde à cette sagesse de l'abîme : elle est toujours prête à nous encourager à la chute et à nous recevoir dans son sein.

Les doctrinaires sont nés en 1816, de la poussière des deux invasions de la France. Quels doctrinaires nouveaux verrons-nous surgir de la poussière de l'invasion de 1870 ? Dans les deux cas, le nerf a été brisé. Veillez sur vos âmes et vos esprits ; ne les laissez pas se déformer et se ployer sous le joug et la force étrangère.

Toujours des problèmes impossibles ! En 1820, concilier la Restauration et la Révolution ; en 1830, le catholicisme et la liberté ; en 1849, la réaction et l'avenir ; en 1870, la Monarchie et la République.

Sortez enfin de la confusion et avancez. De la lumière ! de la lumière ! La ruine de la France, c'est qu'on y a toujours voulu résoudre des problèmes insolubles. Vous péririez cent fois à ce travail des Danaïdes ; renoncez au supplice des enfers.

Voir des hommes d'État qui poursuivent avec talent, avec persévérance, un problème insoluble, cela ôte presque tout intérêt à ce qu'ils font. Le côté puéril l'emporte. J'ai vu des enfants poursuivre la lune sur le haut des montagnes.

Quand on s'attache à un problème insoluble, voici ce qui arrive : tout ce qui s'y oppose semble le produit de la faction, la volonté de méchants esprits conjurés. C'est le diable sous un autre nom. Les prétendus sages se croient combattus par des puissances démoniaques. Toute opposition est un péché mortel ; la Révolution, comme ils disent, c'est Satan.

Quand la réaction est aux abois, il lui reste un dernier faux-fuyant pour se cacher : c'est de déclarer toute vérité inopportune.

En 1830, je demandais que l'on fît attention à l'ambition de la Prusse ; elle n'était pas encore armée, on pouvait au moins l'observer.

— La Prusse ! me disait-on. Belle question, franchement ; comme s'il y avait une Prusse ! D'ailleurs le moment n'est pas opportun ; attendons qu'il y ait une Allemagne pour nous en occuper.

— Eh bien ! reprenais-je, puisque nous sommes au lendemain d'une révolution, organisons la liberté.

— Nous avons, en vérité, bien d'autres choses à faire. Un aigle de fâcheux augure a passé à notre gauche.

J'attendis encore dix-huit ans, 1848 arrive.

Je réclame la séparation de l'Église et de l'État, au moins dans l'école.

— Bon Dieu ! y pensez-vous ? me disait, avec un rugissement amical, le lion des orateurs, Michel (de Bourges). Respectons les préjugés du peuple. Et que dirait la sainte Montagne ? que dirait le grand Maximilien ? Croyez-moi, les auspices ne sont pas favorables.

Vingt ans après, je demande une amélioration dans le suffrage universel.

— Est-ce possible ? y songez-vous ? s'écrient d'autres générations. Le moment est plus inopportun que jamais.

En effet, c'est le mot que j'entends depuis cinquante ans, toutes les fois qu'il s'agit de faire un pas dans la vérité : « Halte-là ! Quelle impatience ! L'occasion est bien choisie, vraiment, d'avoir raison ; attendez pour cela quelques années. »

Les années passent, les mêmes voix répètent : « Voyez les Augures, interrogez le vol des oiseaux ; ils sont contraires. L'heure n'est pas venue ! »

Quand viendra-t-il, ce moment propice à la liberté, à la raison ? Je ne l'ai pas vu arriver une seule fois depuis un demi-siècle.

Mais ce qui est toujours opportun, ce qui vient toujours à point, c'est la servitude.

Pour celle-là, elle a le mérite, depuis quinze siècles, d'être toujours et partout la bienvenue.

Aujourd'hui, croyez-moi, l'heure a sonné d'être de

notre temps. Sortez de la vie de somnambule, éveillez-vous à l'heure présente; elle peut encore, si nous le voulons, être la plus belle des heures. Surtout ne pensez pas qu'on puisse sauver un pays en évitant toute idée vivante, comme un malheur public.

XXX

LA FAUSSE SAGESSE.

Pourquoi la France est-elle tombée ? Comment le cœur des peuples s'est-il retiré d'elle ? Qui a fait cette solitude de mort autour du pays qui possédait l'amour du monde ?

— La France est tombée parce qu'elle avait brisé ses appuis ; elle a disparu du cœur des peuples, parce qu'elle s'est effacée elle-même pendant vingt ans. Elle avait ôté toute signification à son nom en cessant de représenter la vie moderne. Voilà les chutes d'esprit qui ont entraîné toutes les autres. Wœrth, Forbach, Sedan, ne sont que les contre-coups de ce renversement d'intelligence.

Quand la France s'est tournée vers le jésuitisme, je lui ai dit : C'est le commencement de la ruine.

Quand elle a fait l'expédition romaine au profit de la nuit, je lui ai dit : Tu entres dans les ténèbres.

Quand elle a épousé l'homme du 2 décembre, je lui ai dit : Tu épouses le crime, tu enfanteras la mort.

Et maintenant que la mort est venue, que faut-il faire pour retrouver la vie ?

Ressaisir ce qui intéressait à toi le monde, redevenir le pays de la lumière. Tu sais ce qui t'a perdue : c'est le faux en toutes choses.

Si tu te lies à ceux qui maudissent la vie moderne, comment peux-tu espérer revivre ?

Assimile-toi la science, la vérité démontrée. Laisse là les spectres *urbi* et *orbi*. Ils n'aiment que les spectres. Épouse la vie nouvelle.

Mais voici les amis de Job qui viennent, de tous les côtés de l'horizon, prêter leur fausse sagesse à la France sur son grabat : « Nous te l'avions bien dit. Rappelle-toi, en toute occasion, comme nous t'avons donné l'exemple d'adorer le plus fort. Y avons-nous manqué une seule fois ? Nous avions fait des lois pour protéger tous les crimes de ton maître ; avons-nous une seule fois réclamé pour la justice contre l'oppresseur ? Non. Si tu avais fait comme nous, tu serais riche et heureuse sous les pieds des criminels.

« Nous ne t'avons pas assistée quand tu nous a appelés à ton secours. Mais nous avons assez de sagesse pour t'en prêter ; imite-nous si tu peux. »

Qui nous délivrera des sages et des amis de Job?

Je les entends encore dire ceci :

« Une République, en se rabaissant, en rampant, toute chargée de sophismes, a plus de chances qu'une autre d'entrer par la porte basse des esprits. Puisque l'intelligence a baissé, il convient que l'ère nouvelle se proportionne à cette déchéance. Si la République se montrait dans sa grandeur, sa sincérité, surtout dans sa probité, qui la voudrait? qui l'accepterait?

« En se faisant petite, misérable, disposée à tous les compromis, ouverte aux vices anciens et nouveaux, que de chances elle garde encore! Plus elle se ravale, plus elle est à la hauteur des choses et des hommes. Qu'elle contrefasse non la folie de Brutus, mais la bassesse de Turcaret; la voilà entrée de plain-pied dans le siècle. Vous la perdriez incontinent si vous la faisiez plus haute. »

Ils insistent, ils répètent que l'extinction de toute fierté, de toute âme, de toute vie politique, est ce qu'il y a de plus utile à la France. Prenez donc à la fin la sagesse du serpent.

— Je le veux bien, à condition pourtant de ne pas m'accoutumer à marcher sur le ventre.

D'autres fois ils partent de cette physique surannée, qui veut que le grain pourrisse sous terre pour germer; et ils concluent: Pourrissons d'un commun accord.

Je dis au contraire: D'un grain pourri, qui a vu jamais sortir le blé nouveau?

Il faut bien maintenir quelque part l'esprit de la République. Sans cela, comment germerait-il jamais?

Vous qui avez encore par hasard une âme, conservez-la vivante ; vous qui portez une lumière, ne l'éteignez pas.

Cela vous scandalise, un reste de vie morale, de lumière, un flambeau dans la nuit. Quoi ! vraiment vous avez déjà pris à ce point goût à la mort ?

Chaque jour, les plus avisés nous prêchent l'indifférence en toute chose : « Ne croyez à rien, principalement en matière politique ; n'ayez aucune opinion, aucune pensée. Faites le vide le plus parfait en vous-même ; atteignez, s'il se peut, au nihilisme ; vous serez sur le vrai chemin. Personne n'a pu encore arriver à cette perfection du scepticisme ; néanmoins il faut y tendre : seule vertu qui vous soit nécessaire. »

Le bizarre, c'est qu'en voulant fuir le mysticisme, on y rentre ; car il y a un mysticisme du vide. C'est celui par lequel expirent les sociétés qui n'ont pas su s'en défendre.

Les sages nous font aujourd'hui un devoir de conscience de nous aplatir jusqu'à disparaître.

Mourez à toute pensée, à toute conception, à toute activité de l'âme. C'est le chemin de la régénération. Tel est le nouveau sophisme à la mode, car chaque jour produit le sien.

Malheur à qui continue de penser, de croire à quelque chose, de poser un fondement autre que le vide !

Celui-là brouille tout, il dérange la sage ordonnance du néant.

Oh! les étranges régénérateurs de peuple! Que ne prêchent-ils cette mort à nos ennemis?

Je mets au rang des causes de nos chutes, la prétention à l'esprit fin. Cette ambition est le secret des succès privés. Mais, quand il s'agit de fonder la vie publique dans un pays, que deviennent ces pauvres petits manéges?

J'ai trop vu de ces savantes manœuvres pour relever avec des fils d'araignée un navire jeté à la côte.

Après ces finasseries, que restait-il? Quelques esprits fins, munis d'emplois, bien rentés, et ricanant sur l'écueil où ils avaient ingénieusement brisé un peuple.

On a commencé par dire qu'il faut une République sans républicains. Aujourd'hui on fait un pas de plus; on ajoute que, puisque la République s'établit, il faut que les républicains cessent de l'être.

Ainsi la vie nous devient à tous bien commode. La sagesse est de nous mettre à la suite d'un ministre; d'adopter, les yeux fermés, tout ce qu'il propose ; de nous tenir sur le seuil des emplois, d'éviter avec une inquiète sollicitude ce qui peut déplaire au maître; de répéter ses mots; de chercher sur ses lèvres la parole qu'il faut dire, la couleur qu'il faut prendre; de renoncer à nos anciens projets de dignité, d'indépendance, fausses notions, demi-sauvages, qui ne sauraient se concevoir dans un Etat républicain. S'il en est ainsi, reconnaissons que le solliciteur est le parfait modèle, l'idéal que nous devons poursuivre, hors duquel il n'y a de place que pour la sauvagerie des vieux républicains.

Je crois cependant que, pour fonder ou régénérer une nation, il faut encore autre chose. Continuons à chercher cet inconnu.

Puisque, dit-on, la République est sur l'affiche, il n'est plus besoin évidemment d'esprit républicain. Il n'y a plus de places pour le courage civil, l'élévation de l'âme. Désintéressement, vie morale, sacrifice de soi à la chose publique, et que sais-je encore ? Nous voilà merveilleusement débarrassés pour jamais de ces antiquailles. Laissons ces âneries aux Suisses, aux Américains yankees et aux Anglais. Pour nous, c'est autre chose.

Ah ! l'existence facile, joyeuse, que cela va nous faire ! Heureuse République, trois fois bénie, dont le nom seul dispense de toutes les vertus républicaines ! Trente-huit millions de solliciteurs, pénétrés de ce sage esprit d'antichambre : voilà le salut national. Nous le cherchions trop loin ; il est là sur la porte. Entrons. — Après vous. Passez le premier.

Oser contredire le pouvoir en quoi que ce soit ; ne pas le suivre aveuglément ; conserver l'indépendance de son esprit ; approuver le bon, repousser le mauvais : c'est, disent-ils, tout brouiller. Confondre le bien et le mal, voilà l'esprit d'union. Demander ce qu'il y a de plus élémentaire en fait de liberté, ce qui existe partout où est un peuple libre, c'est l'œuvre infernale. J'abrége les épithètes, vous connaissez ce vocabulaire.

Quoi! Oser prétendre que deux et deux font quatre! que, dans une république, il faut un esprit républicain! Utopie, science dangereuse, révolutionnaire, inopportune surtout. Ainsi toujours la même intolérance. Qu'est-ce que cela, si ce n'est l'exécration de la liberté, l'horreur de ce qui a vie, l'adoration de la mort politique?

Le premier principe salutaire, modéré, conservateur, qu'il faut bien nous inculquer, c'est que les royalistes sont seuls dignes de faire une république, seuls capables d'occuper les emplois, de mériter les grades, les honneurs, de remplir les fonctions lucratives. Voilà pour nous le commencement de la sagesse: *Initium sapientiæ.*

Niez-vous cette base de toute vérité pratique? Vous niez la société. Vous voulez la renverser. Je ne vois d'autre avenir pour vous que la déportation simple.

C'est précisément cet esprit d'intolérance qu'il faudrait changer; car il n'est pas autre chose que l'ancien despotisme, qui, tenu pour infaillible dans la religion, n'a cessé de régner en France, et reparaît aujourd'hui dans toutes les matières civiles et politiques, sous les noms d'ordre, de conservation, de modération: noms nouveaux d'un esclavage immémorial.

XXXI

LA HAINE DE PARIS.

Ce sont les Prussiens qui ont commencé à souffler partout la haine de Paris; puis les teutomanes en ont grossi leurs livres. Dès 1841, le professeur Léo appelait dans ses manuels de teutomanie, Paris, la ville de Satan, *Satans-Haus*. Aujourd'hui beaucoup de Français sont, sans le savoir, les plagiaires de ce professeur Léo. Maison de Satan, répètent-ils en chœur à la suite du docteur vandale.

Les Prussiens sont venus de tous les points de l'horizon, et ils ont apporté avec eux le bombardement, la famine. Que restait-il à ce Paris, objet de tant de haines? Il lui restait d'être la tête de la France.

Alors la réaction est arrivée, se faisant gloire d'ôter à Paris ce que les Prussiens n'avaient pu lui ôter : le gouvernement des esprits.

Si elle réussissait dans cette œuvre, toutes les grandes villes de France se dresseraient pour remplacer Paris et donner une autre tête à la nation.

Il faudrait les décapiter, à leur tour, comme révolutionnaires et impies.

Après cela où s'arrêter? Sans capitale, sans villes, nous voilà revenus, je suppose, aux villages celtes, aux petits clans gaulois. Là seulement, nous serons en sûreté contre l'esprit moderne.

Ainsi détruisons, pierre à pierre, toute la civilisation française. Oui, c'est à cela que vous êtes condamnés, vous qui ne pouvez vivre et respirer dans aucune des stations de la société moderne.

Les anciennes monarchies gouvernaient dans la solitude : Philippe II à l'Escurial, Louis XIV à Versailles, Frédéric à Potsdam.

Depuis que la liberté et la démocratie ont paru, les gouvernements se sont placés, par la force des choses, au centre des peuples. Une assemblée qui ne pourrait vivre en présence du peuple prouverait qu'elle ne le représente pas.

Vienne, Berlin, Munich, ont fait leur révolution. Personne n'a songé à les décapitaliser. La Prusse, l'Autriche, la Bavière, ont compris qu'elles se perdraient en se privant de tête. Les Anglais renoncent-ils à Londres?

Une France sans Paris, sans tête, sans cœur : voilà ce que nos ennemis souhaitaient depuis longtemps.

Mais ce qu'ils n'avaient jamais rêvé, c'est que leur vœu pût être accompli par des Français.

Pour moi, j'ai eu le pressentiment de tous les maux, mais non pas de celui-là. Je ne pensais pas rentrer en France, après vingt ans, pour voir la France décapitée par des Français.

Ils nous parlent de l'Amérique; ils nous disent que le *congrès* siége dans un village. Mais quelle comparaison entre un pays où toutes les villes sont d'hier et la France, où les villes datent de dix-huit siècles? Ainsi nous ne prendrons des peuples libres que ce qui peut servir chez nous à empêcher la liberté.

Ces pensées ne se sont jamais produites en France, avant nos derniers désastres. Ce sont des idées qui naissent des ruines et apportent des ruines.

On ne peut pas dire que de tels projets soient sortis des barbaries de la Commune. J'ai déjà eu à combattre ces projets à Bordeaux, et ils n'ont pas été sans influence sur les horreurs qui ont suivi.

Paris a été, pendant cinq mois, la citadelle militaire et morale de la France; c'est le palladium que l'ennemi avait partout en vue. Perte de deux provinces, saccagements, dévastations, milliards sur milliards pour rançon : cela ne suffit-il pas? Faut-il encore que nous jetions nous-mêmes la couronne de la France aux pieds des uhlans!

XXXII

LE SPECTRE PRUSSIEN.

La raison que l'on donne pour repousser la dissolution de l'Assemblée est précisément ce qui devrait vous décider à l'accepter.

On vous dit : Ne faisons pas d'élections générales de députés. Cela pourrait déplaire aux Prussiens, et ils occupent encore six de nos départements.

Voyons ce que cet argument peut valoir ; il se réfute de lui-même en s'étendant à tout.

Premièrement, ce que les Prussiens vous demandent, c'est d'exécuter le traité. Si vous y manquiez, la question étrangère se poserait. Aujourd'hui, elle n'existe pas.

Jamais il n'a été dit, par le traité, que dans vos affaires privées, intérieures, vous ne ferez rien sans y être autorisés par l'ennemi. N'empirez pas vous-mêmes votre dure condition. N'allez pas, du premier coup, jusqu'à l'extrême du vasselage. Ne surprenez pas vos ennemis, en vous abaissant au-dessous de ce qu'ils ont rêvé eux-mêmes.

Quand les Prussiens ne tiendraient plus nos six départements, croyez-vous qu'ils seraient embarrassés d'y rentrer, s'ils le jugeaient utile à leurs intérêts? N'oubliez pas que vous n'avez plus de frontières réelles, que du moins elles sont sans défense. Lors même que ces six départements seraient dans vos mains, le chemin resterait ouvert à l'ennemi.

Ainsi l'argument restera le même : que les Prussiens soient hors de France, ou qu'ils n'en soient pas sortis, ils vous menaceront de Metz, de Strasbourg et du haut des Vosges, tout aussi bien que du milieu des Ardennes.

Dans tous les cas, le même raisonnement subsistera. Vous pourrez toujours dire, à propos de chaque question intérieure : Ne faisons ni ceci ni cela; car notre décision sur nos affaires privées pourrait ne pas être agréable aux Prussiens ; et ils ne manqueraient pas de revenir et de repasser nos nouvelles frontières, qui ne sont qu'apparentes.

Il s'en suivrait que vous devriez renoncer à toute action politique, dans l'intérieur même de la France, à vos propres foyers, à moins que les Prussiens n'eussent donné leur consentement, comme vos tuteurs et curateurs. Vous auriez à les consulter sur vos élections et même sur vos candidats, et à vous conformer à leur avis.

Encore une fois, ils n'ont jamais songé à vous imposer de telles conditions, qui seraient la négation même de notre existence nationale; toute l'Allemagne est d'accord sur ce point. Pourquoi donc empirez-vous à plaisir vos horribles traités? Pourquoi poussez-vous votre anéantissement jusqu'à l'absurde? Renoncez à ce nouveau spectre, ou osez dire que la France est, à perpétuité, la vassale de la Prusse.

Vous n'avez plus de frontières ni de remparts, mais il vous reste des poitrines humaines. La question est de faire de chacune de ces poitrines un foyer de résistance et de volonté nationale.

A la rançon de cinq milliards n'ajoutons pas le suicide. Il n'est pas dans le traité.

XXXIII

LE RETOUR DANS LA PATRIE. — LE PAYSAN.

Ulysse était le plus sage des hommes. Il erre seulement dix ans hors d'Ithaque ; à son retour, personne ne le reconnaît, excepté son chien Argos. Je ne suis pas Ulysse ; j'ai erré, non dix ans, mais vingt ans, hors de mon Ithaque de Bresse, et je n'y ai pas laissé mon chien. Qui donc me reconnaîtra ?

Voilà ce que je me demandais, le cœur serré, en rentrant dans ma ville natale, Bourg en Bresse... Oh ! que ces craintes ont été vite dissipées ! Que de mains ont pressé la mienne ! Quelle fidélité à d'anciens souvenirs ! Je sens ici, pour la première fois, ce que je n'avais vu que dans les livres des anciens, le bienfait de la terre où l'on est né.

Il est donc vrai que des intimités profondes, ineffaçables, existent entre l'homme et le coin de terre où ses yeux se sont ouverts à la lumière du jour ! Rien ne peut les altérer. Je croyais ne trouver ici que la pensée de mes morts, qui seuls m'accueilleraient à mon retour; et c'est un souffle vivant, rajeunissant, qui m'enveloppe. Peut-être ai-je ici des ennemis; certainement j'y ai des adversaires. Malgré cela, je sens en toutes choses une paix, une douceur, que je n'ai trouvée qu'autrefois, bien jeune, en rentrant après de longs voyages sous le toit paternel.

Parmi tant de sentiments nouveaux, voici, je crois, le meilleur. Une jeune paysanne, fille du fermier qui habite le hameau de Certines, dans les ruines de ma maison paternelle, arrive de la campagne. Cette jeune fille n'était pas née quand j'ai été exilé de France; ses parents habitaient un autre canton, elle ne me connaît pas. Pourtant, en me voyant, elle se jette à mon cou avec émotion, comme si elle m'eût toujours vu.

Pourquoi cela ? Elle sait à peine lire et écrire ; certainement elle ne sait pas que j'ai écrit des livres. Ce qui l'a touchée, ce n'est pas ma vie publique ; elle ignore profondément tout cela. Mais elle sait qu'autrefois, longtemps avant qu'elle ne fût née, ma maison, avec ses deux pavillons, blanchissait sur le tertre vert où elle a sa petite ferme. Elle sait que depuis un temps immémorial j'avais là mes racines; que mon père et moi nous avons planté les arbres qui ombragent son toit, qu'il ne reste de ma demeure qu'un tas de pierres roulées devant sa porte, et que je n'ai pas vu ces ruines depuis vingt ans. C'est là ce qui la touche jusqu'aux larmes. Elle était tout près de me dire, à la manière homérique : O mon père !

Du moins, elle me donne les nouvelles qui me concernent :

« Du côté du matin, le grand acacia et le grand « frêne vivent encore. Le pommier vit aussi, du côté « de bise; mais depuis deux ans, il ne donne plus de « fruits. Du côté du soir, la petite mare a été comblée, « mais le puits est toujours là ; seulement il ne donne « plus d'eau. Hier on a trouvé une pierre noire de « votre foyer. Quant à votre berceau, on l'a gardé « dans une ferme, à Montagnat. »

Voilà ses paroles, mêlées de pleurs. Ainsi, les sentiments antiques, homériques, vivent encore quelque part ; l'instinct de la parenté de la terre et de l'homme a fait jeter à cette fille d'Eumée le cri saisissant qui est pour moi le salut de la terre natale. Je l'ai entendue dans sa bouche, la voix des choses aimées, des grands bois solitaires, des champs, des taillis, des eaux profondes. Sois bénie pour ce cri de la vieille nature humaine, toi qui m'as reconnu sans m'avoir jamais vu !

Ainsi, pendant que la vie nouvelle nous emporte et nous dessèche, le peuple des campagnes a gardé le premier fond des sentiments humains ; il s'abreuve encore à la source où puisaient Homère et Hésiode. Que l'occasion seulement se présente ; la source des nobles larmes antiques jaillit chez le paysan, comme autrefois dans l'Odyssée.

Nous le croyons dur, insensible, et il le devient à notre exemple. Malgré tout, si, depuis mon retour en France, j'ai vu couler des larmes de pitié pour la grande famille humaine, c'est dans les yeux des paysans. Leur émotion avait encore la sincérité et la force de l'âge de bronze.

Respectons donc l'homme dans l'homme des champs. Il a gardé la sève. Si l'écorce est rugueuse, c'est pour conserver au fond la vie et le cœur du chêne. Prenons garde, en l'émondant, de le dessécher dans ses racines profondes.

Pardonnez-moi ces lignes, peut-être trop intimes. Si vous découvrez une petite hachette de l'âge de pierre ou de bronze, vous la déposez dans un musée ; et moi, si je découvre encore quelque part un vestige de sentiments primitifs, homériques, faut-il n'en rien dire ? Le cœur humain vaut bien un fragment de hache de silex.

Je ne quitterai pas ce sujet sans dire un mot des paysannes de Bresse.

La fausse physiologie de certains romanciers de l'école de Balzac se montre ici à découvert. Ils n'ont cessé de s'extasier, en vrais parvenus, sur les femmes des *classes dirigeantes*, sur leur aristocratie de peau, l'élégance de leurs traits. Ce que je remarque ici dans les paysannes est précisément cette finesse, la délicatesse, l'élégance, et ce qu'ils appellent la distinction aristocratique.

Quel parti un Raphaël ne tirerait-il pas de ces figures! Ce ne seraient pas les vierges majestueuses de la campagne romaine. Ce serait un ovale plus doux, moins fier, presque aussi pur, avec plus de fraîcheur et de tendresse ; des yeux pleins de *bonté*, comme l'entendraient les peintres italiens ; les traits délicats et corrects ; de la candeur, de la joie, de la mélancolie mêlés ensemble dans un même sourire ; point de hâle, un teint rosé à l'ombre des clairières d'aubépine ; et, avec tout cela, un air de princesse des fées, sous leur chapeau fantasque, enrubanné, qui les oblige à tenir la tête droite et assurée. Je dirai aux peintres : Allez en Bresse. Vous trouverez dans ces têtes un type nouveau, où la beauté rustique n'attend qu'un peu d'art pour s'élever à la beauté raphaélique et souveraine.

Est-il bien sûr que les femmes des *classes dirigeantes* puissent présenter des types vraiment supérieurs ? Et si elles laissent s'éteindre en elles la vie de l'âme et de l'esprit, que leur restera-t-il pour marquer leur prééminence ?

XXXIV

LA PETITE VILLE.

Voici une autre petite ville, pavée de souvenirs qui m'attendent à chaque porte. Un long exil m'a empêché d'y retourner. Pendant ce temps, que de changements, moins dans les choses que dans les hommes!

J'erre seul à travers ces rues si connues, où les vieilles maisons seules me reconnaissent. Je sens la joie que peut goûter un revenant à reparaître sur la terre, à l'heure où la lune se lève à l'horizon, au-dessus de la rivière dormante.

Tais-toi, mon cœur; voyons froidement ce que font les vivants. L'occasion est unique pour juger la différence des générations.

Quand je vivais ici, une bourgeoisie riche, nombreuse, nouvellement sortie du néant, était maîtresse de tout. Elle régnait sans partage, elle jouissait avec confiance de sa première possession des choses et de sa joyeuse entrée dans la vie. Ses réunions étaient fréquentes. Bals, banquets, soirées; l'existence n'était qu'un amusement, nulle appréhension ne troublait la fête.

Quant au peuple, malgré les révolutions qui avaient passé, il ne comptait qu'à titre d'artisan. Des paysans hagards arrivaient à la file, montés sur de petits chevaux agrestes comme eux. Ils poussaient leurs bœufs aux marchés; ils descendaient sur la place, puis se remettaient en selle. Clopin-clopant, leurs lourds bâtons en guise de cravache, ils disparaissaient derrière la colline.

Aujourd'hui, vous diriez une race nouvelle. Les petits chevaux trotte-menu n'existent plus. Les paysans arrivent, chacun dans sa voiture suspendue, et leurs femmes, en robe de moire, trônent à leurs côtés. N'allez pas disputer le pavé à leurs vigoureux attelages, voilà les maîtres du pays.

Un de ces paysans m'a fort étonné. Je l'avais laissé autrefois, déjà dans son âge mûr, ignorant de tout ce qui n'était pas son travail manuel, étranger à la Monarchie comme à la République, dont les noms mêmes n'étaient pas arrivés à son oreille, indifférent à toute question qui dépassait la rigole de son pré; d'ailleurs laborieux, honnête, avisé dans son petit horizon. Il n'avait pas, dans ce long intervalle, appris à lire, cela est vrai. Ma surprise n'en fut que plus grande d'entendre ce même homme me tenir le langage le plus raisonnable, le plus sensé sur les avantages de la République, sur les dangers qu'elle court, sur la nécessité de la maintenir ; sur les *fausses idées* que les grands propriétaires imposent, comme condition, à leurs fermiers. Combien de nos hommes d'État auraient pu profiter de la pénétration d'esprit et des éclairs de bon sens de cet ingénu !

— Êtes-vous beaucoup comme cela dans votre village ?

— Oh ! oui, beaucoup : mes frères, mes beaux-frères, ceux qui ont un petit bien et ne craignent pas le propriétaire pour le jour du bail ; ils en seraient tous, s'ils l'osaient.

Les artisans, les ouvriers viennent justement de déposer leur vote pour le conseil général. Ils savent qu'ils sont en immense majorité ; l'expérience leur a donné la conscience de leur force.

Et la bourgeoisie hostile, où est-elle ? Diminuée, cantonnée dans ses *cercles*, on la cherche ; on a peine à la découvrir. Moins riche que les paysans, moins influente que les ouvriers, elle est devenue morne, triste. Plus de fêtes, plus de réunions : le silence, la solitude, une attente anxieuse.

Voilà l'œuvre de quelques années. Une autre société, un autre genre de vie prennent la place de ce qui était. Ce changement s'accomplit, non par l'effet d'une surprise, mais par une force latente, universelle, qui s'insinue ici, à chaque seuil, en même temps que sur toute la surface de la France.

Comment résister à ce flot de vie qui monte? Autant vaudrait déclarer la guerre au flot du Nil, quand il apporte l'abondance.

La tristesse de la bourgeoisie se changerait en joie, si elle acceptait sans arrière-pensée l'inévitable ascension du peuple vers la vie et la lumière; révolution irrésistible comme une révolution géologique.

XXXV

PAYSAN ET LE CURÉ DE CAMPAGNE.

Qu'ai-je vu en province? Dans les villes, la victoire acquise aux idées comme aux choses modernes; la démocratie qui réellement et non fictivement déborde de la coupe; la contre-révolution, coterie confinée dans l'isolement, prête à tout accepter, pourvu que la liberté disparaisse encore une fois.

Car ce que veulent les *réacteurs* d'aujourd'hui, c'est ce qu'ils voulaient hier et à la fin du siècle dernier, non pas seulement la destruction de la République, mais l'extirpation de la liberté moderne, avec laquelle tous leurs instincts sont et demeurent inconciliables.

Dans les campagnes, une partie des paysans prennent goût à sortir du servage politique, à devenir des hommes; les autres, ébranlés par cet exemple, sont bien près de *casser* leurs sabots et de se dresser aussi sur leurs pieds.

Partout j'ai recueilli ce même bruit autour de moi. On avait fait croire aux paysans que, sous la République, le blé ne peut germer, ni les bœufs ruminer et s'engraisser, ni les cochons se vendre, ni les embouches produire, ni le commerce se faire, ni les dettes se payer. Naturellement ils étaient effrayés de cet interdit jeté sur la face de la terre.

Chaque jour, ils voient le contraire de ce qui leur avait été annoncé. Cela les met en grande défiance des prétendues sept plaies d'Égypte que la République entraîne avec elle. Le nombre augmente singulièrement de ceux qui, sous la République, osent se dire républicains.

Les téméraires vont jusqu'à ajouter qu'ils ne veulent plus de roi. Pour ceux-ci, je demande l'amnistie.

Un conservateur qui a été membre du gouvernement sous le roi Louis-Philippe, habile et froid administrateur, me faisait part de ses observations dans les termes suivants. Je tiens à le laisser parler :

« Le paysan va à l'église par habitude, mais il ne croit plus; sa foi n'est plus que routine.

« Il se plaint des sermons qui ne sont que redites sur le dogme. Pas une parcelle de vie; et c'est de vie morale qu'il a soif. Le pain du corps ne lui manque pas; mais le pain de l'âme, il ne le trouve pas dans l'Église. C'est une famine pareille à celle de 1817.

« En politique, voici le changement. Autrefois le paysan disait : notre ennemi, c'est notre maître. Maintenant il dit : notre ennemi, c'est le curé.

« Dans la mêlée des élections, le paysan a une règle qu'il suit instinctivement et immuablement ; elle consiste en ceci : faire exactement le contraire de ce que le curé demande. »

S'il en est ainsi, répondais-je, le paysan arrive par instinct à ce qui est la conclusion réfléchie de la science politique. Lui aussi commence à proclamer à sa manière le mot du siècle, fût-ce en patois : séparation de l'Église et de l'État, en toutes matières.

Dès que l'homme des champs s'émancipe politiquement, son premier pas est de se séparer du curé de campagne. Telle est la réalité ; ne la nions pas, ne la faussons pas.

Il est un seul moyen de nous abuser et de nous tromper de voie. C'est de nous figurer que le bas clergé a un autre esprit que le haut clergé ; que le premier appartient naturellement à la démocratie, et que le second, seul, y est opposé et contredit le monde moderne.

Illusion des illusions, cent fois détruite, toujours renaissante ! Le bas clergé a le même esprit que le haut clergé. Pourquoi? Parce que l'un et l'autre appartiennent essentiellement au même système, la théocratie.

Ce n'est pas le calice de bois qui fait le démocrate,

ni la soutane de bure. Voyez ce qu'il y a au fond du calice; ne vous arrêtez pas à l'habit. Interrogez l'esprit et le cœur.

Vous trouverez que le démocrate et le curé de campagne le plus humble, le plus mal vêtu, le plus pauvre que vous voudrez supposer, sont séparés entre eux par toute l'épaisseur de la plus grande théocratie du monde. Il y a entre eux, quelle que soit la ressemblance de l'étoffe de laine dont ils s'habillent, des aliments grossiers, dont ils se nourrissent, une incompatibilité absolue qui est celle du système. Or, rien sur la terre n'est plus éloigné de la démocratie que la théocratie. Des vases de terre ébréchés tout semblables, une table rustique aussi mal fournie, ne font rien à la chose. La théocratie du saint-siége, universelle, peut être habillée de bure, manger dans des assiettes de terre, communier dans des calices de bois; elle n'en reste pas moins théocratie, c'est-à-dire l'opposé de la démocratie moderne.

Cette différence de nature ne doit jamais être perdue de vue, si nous ne nous plaisons à fermer les yeux à la lumière.

Chose frappante. Les paysans ne s'y trompent pas. A mesure qu'ils arrivent à la démocratie, ils ne se laissent abuser en rien par la similitude des étoffes ou des plats de terre. Ils voient l'esprit, ils négligent le dehors.

Si un atome d'esprit moderne pouvait se glisser

dans le catholicisme romain, ce serait plutôt par le haut que par le bas clergé.

Le paysan, dans le temporel, commence à tenir le curé pour suspect. Mais si le curé n'a plus de prise sur le troupeau, que servira la houlette de l'évêque? Il aura beau exciter le curé, lui transmettre le mot d'ordre du Syllabus politique, ses paroles seront perdues. Évêques et curés se trouveront à la fin en dehors de la société laïque. L'Église restera échouée à la côte. Le fleuve de vie continuera son cours.

C'est là évidemment la solution à laquelle il faut travailler, hors de laquelle il ne peut y avoir que dégénérescence et ruine.

Je redis à la démocratie française ce que je lui disais il y a trente ans.

Renoncez au mirage d'un bas clergé révolutionnaire et démocrate, en face d'un haut clergé théocrate et réactionnaire. L'un et l'autre sont jetés dans le même moule, faits de la même essence. Voyez votre situation.

Vous avez en face de vous une Église intransformable, qui vous barre le chemin de l'avenir. N'espérez pas vous y insinuer, en vous courbant jusqu'à terre, par de petites portes qui n'existent pas. C'est une montagne d'airain où tout espoir s'arrête. Elle ne viendra pas à vous; n'allez pas à elle. Vous ne pouvez que vous en séparer et la tourner.

XXXVI

LES FEMMES. — LE MARIAGE FRANÇAIS.

Elever des hommes, c'est beaucoup, sans doute; ce n'est rien, si vous n'élevez des femmes.

Les hommes feront des lois, les femmes seules feront les mœurs.

Un étranger, en entrant en France, s'étonne de la sécheresse des mœurs de nos jours. Je ne sais quoi d'aride, en toutes choses, comme le sable déposé par un océan qui se retire. Dans cet isolement, dans cette formation d'un nouveau monde, l'âme de la femme manque. Où la retrouver ?

Où habite-t-elle, et comment lui parler ? Espérons-nous recomposer la société sans qu'elle y participe ? Que serait une république, une démocratie à laquelle manquerait le génie de la femme ? Tous ceux qui, dans le passé, ont travaillé au rajeunissement d'une société ont appelé à leur aide la jeune fille, l'épouse, la mère. Aujourd'hui, ferons-nous notre œuvre sans elles ?

Pendant le siége de Paris les femmes ont été incomparables. Elles ont donné un démenti à tout ce que la haine allemande avait forgé contre elles. Je les ai vues endurer des maux qui ne sont plus de notre temps.

Cette énergie a paru non-seulement dans les femmes du peuple, mais quelquefois aussi dans les femmes du monde. C'est là un souvenir qu'il ne faut pas laisser s'éteindre. Il sera un des aliments de la vie nouvelle. Les femmes qui disaient en riant : « Je ne suis pas une Romaine » se sont montrées Romaines et Spartiates à la porte des boulangeries. Qu'elles n'oublient pas ce qu'elles ont été, cela leur apprendra ce qu'elles peuvent être.

Depuis que le divorce a été aboli par la réaction de 1815 et que le libéralisme converti a cessé de le redemander, les mœurs sont-elles meilleures ? La famille française a-t-elle gagné en union, en sincérité ? Je ne peux le dire ; je sais seulement que depuis que le mariage en France est rivé au droit catholique, depuis qu'il a cessé d'être une institution moderne, pour redevenir l'institution du moyen âge, il y a eu un redoublement de fantaisies, de théories, d'utopies pour en sortir.

La raison n'a certainement rien gagné à ce retour au passé d'avant la Révolution. Jamais, en aucun pays, on n'a tant entendu parler d'attaques contre la famille que depuis que l'on a ramené la famille française à la loi du mariage de l'ancien régime. Chez tous les peuples où l'adultère n'est pas un motif de rompre le mariage, on a conclu que c'est un faible mal et qu'il ne vaut pas la peine de s'en passer.

Cette désertion du libéralisme français est de toutes la plus scandaleuse. Elle a consacré par son reniement le pouvoir absolu de l'homme sur la femme dans le mariage ; elle a livré le foyer.

Notre vraie calamité en France est, en effet, le mariage français, sujet d'étonnement pour les autres peuples. En entrant dans le monde, les jeunes filles cotent la valeur des hommes suivant l'argent qu'ils possèdent. A ce point de vue, tout salon est une bourse.

Mais, si le mariage n'est qu'une affaire, que peut être la vie entière ? Une affaire à débattre. Étonnez-vous après cela de l'aridité de l'existence privée. Le sirocco est moins desséchant cent fois. Après qu'on a renoncé au bonheur, il reste deux choses pour s'en distraire : la dévotion et le bien-être. Car c'est une chose étrange qu'une religion que l'on donne pour spiritualiste s'allie si aisément à la recherche fiévreuse du confortable et de toutes les délicatesses de la matière. Les femmes ayant manqué le bonheur passent leur vie dans ces deux extrêmes : l'apparence du spiritualisme par le culte du crucifié, la soif de l'argent avec la soif du lucre et de toutes les jouissances extérieures. Double fanatisme qui semblerait devoir se détruire lui-même et qui, au contraire, s'attise par ses contraires. Fanatisme du Calvaire, fanatisme de l'Épicurisme. Entre ces deux puissances contraires, leurs âmes frêles se dispersent et s'évaporent. Qui les tient? qui les possède? Est-ce le ciel ? est-ce la terre ? Elles se dérobent à elles-mêmes.

Misère profonde! Le christianisme, qui croit les saisir, ne tient en réalité que des ombres; la patrie les possède moins encore.

Où donc, encore une fois, sont leurs pensées ? où habitent leurs âmes ? Qui le sait, qui nous les rendra?

Elles habitent l'Église, dit-on. Si cela était, nous saurions où les trouver.

Mais non; elles n'ont dans l'Église qu'une moitié d'elles-mêmes. En réalité, ce sont elles qui servent deux maîtres; elles ne sont à aucun.

Le mariage sans affection est une vente où la femme perd sa personnalité morale. Pour en sauver quelques débris, elle se tourne vers l'Église. Mais là c'est le jésuitisme qui la reçoit au seuil. Il achève de lui ôter ce que la société lui avait laissé.

Que reste-t-il alors après tous ces écroulements? Une seule chose immuable, la foi dans le bien-être, dernière divinité qui survit dans le sanctuaire. N'allez pas demander que le bien-être n'envahisse pas, ne remplisse pas l'existence. Vous offenseriez le Saint des saints. Perdre un atome de confortable, au profit de la dignité sauvée, cela se conçoit-il? Comment ne pas tenir pour suspect celui qui cherche dans la vie autre chose que le lucre? Évidemment il blasphème. Point de pitié pour lui. Il attaque la religion du confortable, le fond du fonds. On a vu de ces élégantes bacchantes frapper l'impie blessé à coups d'ombrelle.

Les Italiennes n'ont pu être extirpées par le catholicisme. Elles se sont lassées d'enfanter, comme au dix-huitième siècle, une nation d'abbés; elles ont pris une grande part au salut, à la régénération de l'Italie.

Ce sont elles qui ont été les meilleurs auxiliaires du parti national. Pourquoi les Françaises ne compteraient-elles pas aussi pour quelque chose dans la régénération de la France?

Pour la régénération d'une race, tout ne dépend pas d'un sexe seul. La couleur qui finit par dominer dans une espèce animale dépend le plus souvent du goût que les femelles ont pour cette nuance.

Les mâles qui la possèdent ont un grand avantage sur ceux auxquels elle est refusée, et c'est ainsi qu'elle devient dominante. Appliquons cette loi à la régénération de la race française.

Les femmes du monde, en France, ont pris un goût presque exclusif pour les hommes noirs, prêtres, cléricaux de tout genre. Que doit-il arriver de cette préférence ? Le voici : les hommes appartenant à cette couleur d'esprit ont un avantage signalé sur les autres ; l'esprit noir n'aura, pour ainsi dire, qu'à choisir entre les femmes que cette couleur d'esprit attire. Au contraire, les hommes qui appartiendront à la lumière se verront repoussés ; un grand nombre d'entre eux n'auront aucune chance de se marier. Il s'en suit que les hommes noirs ont la certitude de laisser après eux une lignée d'hommes noirs, tandis que les hommes de lumière n'auront que peu de chances de l'emporter dans la sélection sexuelle. Éconduits et repoussés par la plupart des femmes, beaucoup d'entre eux devront renoncer à l'espoir de laisser après eux une famille d'esprits de lumière.

Cela est assurément vrai pour les gens du monde. La lignée des esprits noirs doit y augmenter à proportion de la préférence donnée par les femmes à cette couleur d'esprit. Par bonheur, il en sera autrement chez les paysans, les ouvriers, les petits bourgeois qui forment le gros de la nation ; car la préférence des femmes pour l'esprit noir n'y décide pas du plus grand nombre des mariages. La nécessité, la misère, le voisinage, l'affection, en décident bien plutôt que la préférence donnée à cette couleur d'esprit.

D'ailleurs, le prêtre ne se mêle que des mariages riches. Pour les pauvres, il les ignore ; il les laisse à leur misère, mais aussi à leurs affections.

Il en résulte que, tandis que la couleur cléricale augmentera en France par l'action des femmes dans les classes riches, elle ira en diminuant dans les classes pauvres.

Ainsi, on peut se figurer que les gens du monde seuls seraient envahis par l'esprit noir et que la masse de la nation y échapperait. Qu'arriverait-il alors ? La tête de la nation serait noire, mais la nation entière aurait la couleur de la lumière. L'infériorité serait dans les hautes classes, la supériorité dans les masses du peuple. Cela veut dire qu'en France toute oligarchie de la naissance et de la richesse devient impossible, puisqu'elle se condamne à l'infériorité de l'esprit, et qu'après tout, c'est la lumière et l'esprit qui feront l'avenir et lui commanderont.

S'il en était autrement, si les hautes classes réussissaient à faire prédominer moralement la couleur noire dans la nation française, pendant que les autres peuples s'approchent de plus en plus moralement de la couleur blanche par le goût de la lumière, la France finirait par rester isolée dans le monde moral et politique. Elle n'y représenterait plus qu'une race d'esprits noirs, infériorité d'espèce, qui se montrerait en toutes choses : guerre, arts, sciences, industrie, gouvernement. De là naîtrait un peuple d'abbés, comme l'Italie du dix-huitième siècle.

XXXVII

LES FEMMES. — L'HOMME SEUL FAIT-IL LE PROGRÈS?

Plaisanterie cruelle! Tout progrès, disent-ils, vient des maris; chose absolument fausse en morale, en histoire, en économie politique, en histoire naturelle. Où est la vérité? La voici : Le mâle veut plaire à la femelle; c'est une des causes du progrès organique dans la nature. L'homme veut plaire à la femme : progrès dans l'espèce humaine. Réduire la femme à n'être qu'un instrument de plaisir, un divertissement, un être passif, c'est la mettre au-dessous de toutes les femelles de la nature vivante. Vieille philosophie, vieille politique, vieille histoire naturelle. Sortons de ces antiquailles.

Oh! que les anciens peuples de toutes les races étaient plus vrais, plus sages, plus conformes à l'économie de la vie universelle, lorsqu'ils remplissaient leur Olympe de divinités femmes qui avaient concouru avec les dieux à la formation du monde !

Reconnaissons à notre tour que les femmes ont été de moitié dans la formation des traditions, des croyances, des mœurs. N'est-ce donc rien que cela ?

Le monde grec est plein de l'âme de la femme. Il faut fermer les yeux pour ne pas la voir partout dans la pierre et dans l'airain. Dupes d'un faux esprit littéraire, nous croyons que les femmes ne sont rien dans la civilisation, parce que ce ne sont pas elles qui font les livres. Comme si les livres et même les lois écrites étaient le principal de la vie humaine !

Voyez comme une idée fausse a engendré une idée monstrueuse qui a altéré les notions les plus simples.

De cette pensée que les hommes seuls font la civilisation, est sortie cette autre maxime, que les femmes, êtres inutiles, sont faites pour le divertissement des hommes. Absurdité sociale, qui est au fond de l'ancien régime français, d'où elle a passé dans le nouveau.

Montrez-moi donc, je vous prie, dans toute la nature, un être qui soit fait pour le divertissement d'un autre. Cela ne se voit nulle part, dans l'univers entier.

Les hommes asservissent les femmes, bien plus que les animaux n'asservissent leurs femelles. La lionne, pour ne pas avoir de crinière, n'est pas le jouet et le divertissement du lion, ni la louve du loup, ni la tigresse du tigre, ni la biche du cerf.

Chez la plupart des oiseaux, l'égalité est entière entre le mâle et la femelle. Pourquoi donc la femme ne serait-elle que l'amusement de l'homme ? Cela a été dans le passé. Faut-il que cela soit dans l'avenir ?

Je ne te prendrai pas au sérieux ; mais je t'accorderai pour domaine la frivolité, où tu règneras de moitié avec moi. Je te refuserai toute vie sérieuse, toute étude intellectuelle ; mais tu auras en revanche la métaphysique du prêtre, où tu pourras te plonger dans un rêve éternel. Je garderai pour moi la clarté du jour. Je t'accorderai le vague crépuscule. Voilà le traité que l'homme a fait avec la femme dans ses lois, ses livres, surtout dans ses mœurs.

On sent ainsi dans toute la condition des femmes, en France, que leur état a été régi par une tradition qui n'attribue l'action sociale qu'aux hommes ; que dès lors elles ne sont et ne peuvent rester que des êtres passifs. Encore aujourd'hui elles sont courbées par ces traditions, qui sont pour elles une sorte de suppression d'état.

A proprement parler, leur personnalité active n'est pas reconnue. On a cru les indemniser de cette suppression en faisant d'elles des objets de plaisir, d'amusement ou de luxe. Voilà, au fond, la situation réelle de la femme du monde. Répond-elle à ses facultés, à la destination entière de sa nature ? Il faut l'examiner.

Retrouver l'âme de la femme sous l'échafaudage des faux systèmes qui l'ont étouffée, voilà la question.

Cela ne peut se faire que par des institutions qui agiraient sur elle à la longue. La République, en durant, pourrait faire ce miracle.

Avant tout, rétablissez dans les esprits, au lieu de cette idée fausse et frivole de l'ancien régime, que les hommes seuls font le progrès, l'idée vraie et nouvelle qui est celle-ci : les femmes concourent avec l'homme à enfanter les sociétés. Elles portent sur leur giron non pas seulement les enfants, mais les peuples. Attachons-nous à cette pensée ; tout un ordre nouveau en naîtra.

Ravaler la femme, c'est ravaler l'homme. Les deux sexes sont solidaires l'un de l'autre, pour l'avantage de l'espèce. Si l'homme est né pour connaître et penser, il est ridicule de dire que la femme est faite pour être reléguée en dehors de toute occupation intellectuelle et de toute connaissance. Autant vaut dire que l'aigle est fait pour voler, mais l'aiglonne pour ramper.

Le degré de civilisation se mesure par l'accord ou la désunion intellectuelle des deux sexes ; point de règle plus sûre. Que l'esprit de l'homme se montre seul, domine seul et sans partage, à l'exclusion de celui de la femme : vous avez le sauvage et le barbare. Si l'esprit de l'homme se marie étroitement à celui de la femme dans la même foi, le même culte, le même idéal, cela fait les grandes époques des peuples. Ou encore il arrive que l'homme et la femme se séparent d'esprit. Chacun va et s'isole de son côté. Les deux sexes se désunissent intellectuellement, comme cela se voit de nos jours. Signe de dissolution, jusqu'à ce que cesse le divorce moral entre eux, et qu'ils soient ramenés à l'unité de pensée.

Revenez à la vraie définition du mariage : la communauté des choses divines et humaines. Aujourd'hui ces deux puissances de la terre et du ciel se querellent à chaque foyer domestique. Notre grande affaire est de les réunir.

XXXVIII

LES FEMMES. — QU'ONT-ELLES A REGRETTER DANS LE PASSÉ ?

Dans l'éducation des filles, apprenez-leur ce qu'elles étaient sous l'ancien régime, et mettez en regard ce que le régime nouveau a fait pour elles. Comparez leur antique asservissement à leur condition présente. Je doute que la plus aveugle résiste à une démonstration de ce genre.

Je voudrais bien, en effet, que quelqu'un me dît où est le passé que les femmes peuvent regretter. A mesure que je remonte dans une époque plus éloignée, je trouve leur condition plus misérable. Quelques-unes aujourd'hui s'éprennent du moyen âge chevaleresque. Mais la loi, l'esprit, le fond du moyen âge consistait en ceci : que l'amour est impossible dans le mariage. Le corps à l'époux, l'âme à l'amant : voilà toute la chevalerie. Qui peut accepter ce traité? Et sachant cela, quelle femme honnête peut regretter le moyen âge?

Passons à la royauté ancienne et nouvelle. Qu'avait-elle fait des femmes? Quelle place leur donnait-elle dans le système de la monarchie? C'est la monarchie qui les a réduites à n'être qu'un jouet et tout au plus un ornement.

Elle en avait fait d'élégantes esclaves, qui avaient pris goût à l'esclavage.

Comme il y avait un maître absolu sur le trône, il y avait aussi un maître absolu à chaque foyer domestique.

Les femmes ont beau attacher leurs yeux sur ce passé qui s'enfuit; il n'a rien à leur laisser que faux semblants, asservissement réel.

— Nous régnions alors, disent-elles.

Oh! le règne étrange que celui dans lequel l'épouse, la mère, n'étaient rien et où la maîtresse avait seule la puissance! Non, ne regrettez pas le passé; il est fait de vos hontes, de vos défaites, de vos larmes et de vos désespoirs.

Madame de Sévigné écrivait bien. Oui, sans doute; mais vous alors, vous ne saviez pas l'orthographe, et elle vous méprisait de toute la hauteur de son grand style.

A aucun moment de ce passé, vous n'avez été mises en sûreté par les institutions et les coutumes; celles d'entre vous qui ont laissé un nom le doivent presque toutes à leur égarement. La solitude du cloître, voilà le seul abri réel qui vous restait contre l'iniquité des lois et la violence des hommes et des choses. Pourquoi donc vous intéresseriez-vous à des régimes tombés, où la force matérielle était tout, vous qui n'êtes rien que par le droit et la force morale ?

Pourquoi prendriez-vous parti pour le passé contre l'avenir ? Vos meilleures pensées n'ont chance de se réaliser que par des institutions nouvelles. Au lieu de les maudire, c'est vous qui devriez les appeler comme un refuge.

Vous avez épuisé dans le passé ce que peut donner la recherche des petites choses vaines. Pourquoi n'essayeriez-vous pas, vous aussi, de prendre la vie au sérieux ? N'êtes-vous pas lasses de n'être que des jouets ? Ce vide effrayant de vos âmes, comment peut-il être comblé, si ce n'est par l'enfantement d'une France nouvelle ?

Dans quels pays les femmes ont-elles trouvé le bonheur avec la dignité ? Ce n'est pas dans les pays de monarchie absolue. Leur abâtardissement a toujours été à proportion de l'esclavage des hommes. Où ont-elles trouvé ce que cette vie peut comporter de bonheur pour elles ? Chez les peuples où la liberté est établie, aux États-Unis, en Suisse, en Angleterre.

C'est là que les femmes sont honorées. Mais, où manque la liberté, ce sont elles qui sont le plus esclaves. Chaque homme rejette sur elles le plus pesant de son joug. Elles cessent d'être des personnes, elles redeviennent des choses. Dernière marque d'abaissement, elles ne le sentent pas ; tant de gens sont intéressés à leur faire croire que leur annulation est leur salut!

Dans la royauté, la plus haute dignité pour une femme était de devenir la maîtresse du roi : une Gabrielle d'Estrées, une Montespan, une Pompadour, les yeux ne pouvaient atteindre à de plus hautes cimes. Ne peut-on pas sortir enfin de cet idéal ?

Je dirai ce qui m'étonne dans les monarchies catholiques. Le voici. Les hommes y consentent à cet affreux partage : satisfaits de posséder le corps, ils laissent l'âme au prêtre. Dernier héritage du moyen âge, n'est-il pas temps de le répudier ?

Si les hommes acceptent cet horrible traité, j'en vois bien la raison. Le prêtre enseigne à la femme à être la créature du bon plaisir de l'homme. Là est le contrat tacite qui maintient ce partage de la double tyrannie.

Les femmes qui aujourd'hui *épousent une position* se figurent qu'elles vont devenir des châtelaines. Si j'osais seulement leur dire ce que c'étaient que les châtelaines, de quel opprobre étaient faites ces destinées ; si elles pouvaient toucher et manier les horreurs dont la vie secrète était pleine, elles prendraient de telles espérances en exécration.

Vous qui regrettez la vie des vieux châteaux à créneaux pavoisés, allez dans nos musées ; voyez seulement comment étaient faites vos ceintures. Dites, voulez-vous rentrer dans ces engins de fer et en remettre la clef au nouveau châtelain ?

Par ce qui précède, je ne veux pas dire que la loi moderne ait fait pour les femmes tout ce qui doit être fait. Tant s'en faut. Elles ont leur part égale dans l'héritage. J'en conviens. Mais, par le mariage, cette part d'héritage tombe dans les mains de l'homme, qui l'administre à son gré ; en sorte que la femme n'entrevoit guère l'égalité que pour la perdre.

Aussi que de maris, libéraux sur la place publique, on a vus terrifier en secret leurs femmes en leur montrant, le code civil à la main, le peu qu'elles sont encore dans la vie privée ! Quelques-unes sortent de cet enseignement brisées ou hébétées pour toujours. Un si grand sentiment de leur néant, en face de ce maître sans contrôle qui vient de se révéler ! Cette découverte en a poussé plus d'une au désespoir.

Voilà sans doute ce qui autorise des esprits, tels que Stuart Mill, à conclure que la femme est encore en état d'esclavage ; mais, si cette dernière servitude a une chance de disparaître, c'est évidemment l'affaire de l'avenir, non du passé.

Une question revient souvent dans la bouche des femmes. Qu'attendez-vous de nous ? Qu'avons-nous à faire dans une république naissante et surtout dans une démocratie ? On dit qu'elles rendent les mœurs plus rudes; cet inconnu nous effraie. Nous connaissons notre rôle dans les régimes tombés. S'ils étaient tyranniques pour vous, ils nous épargnaient souvent, quand nous savions leur plaire. Que nous demandez-vous aujourd'hui? Dites, quels devoirs nous feront ces institutions nouvelles que nous ne connaissons encore que de nom?

La réponse arrive d'elle-même :

La nationalité s'efface chez beaucoup d'hommes; pour eux, elle est au Vatican plus qu'en France. Que deviendrait la France sans le foyer, sans la patrie, sans le souffle natal? C'est à vous de réchauffer les cendres de ce grand foyer qui s'éteint.

Après la patrie, c'est la famille qui se divise; les liens de famille deviennent si fragiles chez nous, que le moindre choc d'opinions les brise. C'est à vous de les renouer. Faites que les frères ne se dispersent pas aux quatre vents.

Plus d'affection entre les hommes; c'est à vous de les rapprocher. Ils ne parlent plus la même langue; à vous de refaire un idiome commun à tous. Ils se fuient, c'est à vous de les ramener l'un à l'autre. Qu'y a-t-il là d'effrayant pour vous?

Quand je suis rentré en France, j'allais ingénument au-devant des hommes, comme j'avais coutume de faire. Je m'aperçus bientôt qu'ils étaient de glace les uns pour les autres; leur serrement de main faisait froid; la chaleur vitale semblait avoir diminué. Chez ceux qui se piquaient de sagesse, l'esprit était descendu à l'état de congélation.

Sans changer mes sentiments pour ceux que je rencontrais, je dus me couvrir, à mon tour, d'un pan de leur manteau de glace ; sans quoi, j'eusse été, à chaque pas, brisé par chacun d'eux.

Dans l'intérieur des partis, chaque homme est indifférent à son voisin. Ils ont beau avoir même pensée, cette communauté d'idées ne va pas jusqu'à réchauffer leurs cœurs les uns pour les autres; ils ont même foi et n'en sont pas plus unis. Quant aux partis en lutte les uns contre les autres, ils n'ont rien d'humain à se dire; ils semblent deux ou trois nations en présence. Toute sociabilité entre eux a disparu.

Singulière impression de parler devant des gens que l'on n'a aucun espoir de convaincre. Cela donne du sang-froid à l'orateur; mais en même temps on sent que l'on parle des langues absolument différentes, qui, n'ayant aucune racine commune, s'excluent par la grammaire comme par le vocabulaire, quelque chose comme le sanscrit et le sémitique.

Tant il est vrai que vingt ans d'esclavage ont changé le tempérament français. Qui donc fondra cet enfer de glace, si ce n'est vous? Un tel état de guerre n'est possible que parce que vous ne faites rien pour le changer.

XXXIX

LES FEMMES. — QU'ONT-ELLES A GAGNER DANS UNE RÉPUBLIQUE?

J'ai dit que l'âme de la femme manque à notre temps. Où est en effet la pitié? Où est la bonté, l'amour? Je ne rencontre que guerre, vengeance, dureté impitoyable; je ne vois nulle part les Sabines se précipiter entre les combattants pour mettre fin à la lutte.

Je comprends dans les hommes la dureté de l'ancienne loi. Qu'ils redeviennent les anciens scribes et pharisiens, plus desséchés que les rocs de Judée. Soit. Mais que dans les femmes il n'y ait pas un seul rayon de pitié, de douceur, et seulement un redoublement de haine, le froid de la pierre et de l'airain, le tranchant des épées, et pas un souffle d'un avenir meilleur; qu'elles maudissent quiconque espère ou souffre; cela est le renversement de la nature humaine. Je comprends de nos jours le pharisien, je ne comprends pas la pharisienne.

Les femmes sans pudeur que l'empire nous a faites ont été les plus impitoyables.

N'allez pas leur parler de clémence, vous leur donneriez une crise de nerfs. Les mots atroces qu'on cite d'elles peuvent à peine être écrits; je ne veux pas en ensanglanter ces pages.

Il y a longtemps que le cynisme de la cruauté a pour compagnon le cynisme de l'impudicité; l'un ne marche guère sans l'autre.

Vous demandez ce que feront pour vous les institutions nouvelles ? Elles vous prendront au sérieux.

N'est-il pas vrai que dans la vieille société vos instincts les meilleurs avaient été atrophiés ? Vous ne saviez même plus allaiter vos enfants. Il a fallu vous le rapprendre. Qui vous a rendu ce premier instinct de la mère ? La vie nouvelle, l'esprit nouveau.

Laissez donc les vieux oripeaux, les masques ridés qui vous vieillissent avant l'heure.

Vous étiez nulles dans la vie domestique; vous en deviendrez l'âme.

L'homme se jouait de toutes ses paroles.

Vous n'étiez que sa première servante; vous deviendrez sa compagne.

Il n'y avait pas de propriété réelle pour vous, et l'on vous ensevelissait vivantes dans les couvents. Vous êtes sorties de ces sépulcres; est-ce pour renier ceux qui vous ont affranchies ? Toutes, vous étiez des prolétaires. La société nouvelle vous a donné le foyer et l'héritage ; est-ce pour la maudire ?

Vous n'aviez aucune influence sur la destinée de vos enfants. Filles, on les mariait sans votre aveu; garçons, ils vous étaient soustraits à peine nés. Vous aurez voix sur tout ce qui les touche.

N'étant rien dans la famille, vous étiez moins que rien dans l'Etat.

Vous deviendrez une des forces de l'esprit public. Vous agirez sur vos fils, sur vos maris, et par eux sur la fortune de votre pays.

Vous n'aviez pour horizon que l'intrigue.

Vous aurez votre part d'action morale dans tous les événements.

Reléguées dans les choses futiles, vous ne représentiez que la vanité; vous représenterez l'ordre moral.

Vous serviez à la dégénérescence de votre pays, vous servirez à sa régénération.

De bonne foi, vaut-il la peine de vivre pour empêcher toute vie de se produire? Aidez-nous donc à retrouver la dignité, vous y gagnerez le bonheur par surcroît.

Cela ne vaut-il pas ce que vous donnait le régime tombé, votre vie de théâtre pour vous tromper vous-même sur votre annulation? Vous ne parliez alors que du vide où s'engloutissaient vos jours. Et maintenant que la vie sérieuse s'ouvre devant vous, vous regrettez ce vide; vous nous vantez ce néant qui vous dévorait hier et qui vous était intolérable. Accoutumez-vous à être quelque chose. Cela vous consolera de voir diminuer l'apparence. Prenez goût à devenir des personnes réelles; vous vous consolerez de ne plus être prises pour des ombres.

Après tout, convenez-en, une vie de poupée n'est pas le dernier mot des institutions divines et humaines. Il est bien sans doute de commencer par ce jeu, il ne faut pas l'éterniser.

Si l'on vous prenait au mot et si l'on vous rengageait dans la condition des temps passés, vous ne pourriez y respirer un seul jour. N'avez-vous pas tout à gagner à l'avenir et tout à perdre à ramener ce qui n'est plus?

— Mais je crains pour mon Dieu; j'ai peur que ma religion ne m'échappe et ne s'évapore, si j'accepte ce qui est.

— Voilà donc le grand mot prononcé! Vous voulez perdre votre nation, pour sauver votre foi.

— Oui! si cela est nécessaire à mon Dieu.

— Et qui vous dit qu'il veut cet holocauste? Comment croyez-vous qu'il ait besoin que vous lui sacrifiiez votre peuple? Jusqu'ici la religion d'une nation était faite pour l'agrandir et non pour la détruire. Vous sortez de toutes les conditions humaines et divines; vous perdez tout ensemble et la terre et le ciel; car ce qui a maintenu toutes les religions du monde, c'est qu'elles passaient pour être le salut des peuples. Si, au lieu d'en être les fondements, elles en étaient la ruine, tout serait dit sur elles; leurs adorateurs seraient devenus leurs pires fléaux.

XL

LES FEMMES. — LEURS DEVOIRS DANS UNE SOCIÉTÉ A RECONSTRUIRE.

Disons quelle serait la tâche véritablement religieuse des femmes dans une société à reconstruire.

Si elles s'attachaient à ce qui est beau, si elles repoussaient le laid dans les mœurs, dans la vie, elles feraient plus en un moment que nous avec nos lois en un quart de siècle. En cherchant ce qui est leur domaine, le beau, elles retrouveraient le juste, le vrai; surtout elles nous délivreraient du charlatanisme qui nous envahit et qui fait les peuples-femmes.

Ne se trouvera-t-il pas quelques femmes qui se vouent à cette tâche de ramener parmi nous l'instinct des belles choses, qui, rejetant le faux, s'éprennent du vrai ; à qui la condition des femmes dans les régimes passés semble une déchéance, et qui aspirent à un ordre meilleur?

Ne s'en trouvera-t-il point qui, rassasiées de bien-être physique, soient enfin altérées de bien-être moral?

Par leur éducation de couvent, les femmes prennent naturellement et nécessairement pour idéal une âme de jésuite. Cette âme-là se répand dans toutes les conditions civiles ou militaires. N'attendez pas qu'elle devienne l'âme de la nation.

Les meilleurs demandent qu'il se forme des associations d'hommes pour réveiller l'instinct moral et souffler partout le désir du renouvellement. Mais qui ferait cela mieux que les femmes, si elles le voulaient? Elles n'auraient pas besoin d'enseigner, de prêcher le bien; il suffirait qu'on sût qu'elles le préfèrent au mal.

Jamais pareille occasion n'a été donnée aux femmes d'exercer les facultés de leur nature. De quoi s'agit-il? De rapprocher des âmes, de réconcilier les frères ennemis, de prendre les mains des uns et des autres et de les réunir.

Voilà certainement le chemin de la vraie religion, quelque nom qu'on lui donne. Qui fera cela, si vous ne vous en mêlez pas?

Nous autres hommes, que pouvons-nous pour une œuvre semblable? Nos paroles sont si dures, même quand nous semblons bénir.

On vous dit toujours : Parlez de votre douce voix à l'ouvrier, au paysan, pour les ramener, les instruire. D'accord. Mais parlez donc aussi une fois à l'homme du monde, au petit crevé, au journaliste, à l'écrivain à la mode; instruisez-les du monde nouveau, contemporain. Ils sont là-dessus, je vous jure, plus aveugles que le pauvre, l'ouvrier, le paysan.

En Allemagne, les femmes n'ont pas été étrangères à la régénération de leur pays après Iéna. Comment cela? Ce sont elles surtout qui ont conservé le souvenir des injures reçues. Dans chaque maison, la mère de famille empêchait l'oubli de s'étendre sur ce que l'Allemagne avait eu à souffrir de ses vainqueurs.

Si les hommes avaient voulu oublier, les femmes leur auraient dit : Souvenez-vous !

Dix ans après les grandes guerres de 1814 et de 1815, j'entendis encore les femmes allemandes chanter en chœur les chants terribles de Kœrner. C'était là une partie de leur joie. Point de soirées, point de fêtes, sans l'écho de ces hymnes de la guerre de l'indépendance.

Nous-mêmes, quand nous parlons des succès militaires de la France ancienne et nouvelle jusqu'en 1814, nous oublions trop la part que les femmes y ont prise. Par quel moyen ? Par la haute idée qu'elles se faisaient de la gloire militaire, par le prestige qu'elles attachaient à la religion du drapeau. Cela forçait les plus faibles des hommes d'être des héros. Ils n'eussent osé se présenter devant elles après un moment de faiblesse devant l'ennemi. « On en parlera dans la chambre des dames. » Ces paroles de la vieille France ont gagné des batailles.

Mais, à mesure que cet idéal diminua dans l'esprit des femmes, l'action baissa chez les hommes ; le jour où ils n'eurent plus à craindre ni leurs reproches ni leurs dédains, tout fut perdu.

Pour devenir un peuple-femme, il n'est pas besoin, comme les amazones, de se couper les mamelles ; il suffit que les hommes deviennent femmes par la recherche de tous les petits manéges, ruses, souplesses, artifices. Alors on voit des souverains, au milieu d'une bataille, verser de lâches larmes et rendre leurs armées prisonnières pour éviter l'*effusion du sang*. Cela ne s'était plus revu, je crois, depuis le poëme du Mahabharata. Quand on est arrivé là, c'est aux femmes à contraindre les hommes de redevenir des hommes.

Au reste, je ne demande pas aux femmes de notre temps d'éterniser les hourras des champs de bataille ; mais je leur demande de panser ce grand blessé, étendu sur le chemin et qui s'appelle France. N'est-ce pas à elles d'apporter le baume et les bandelettes ? Les convier à cette œuvre de douceur et de paix, n'est-ce pas les convier à ce qui est leur nature même ? Est-ce là les éloigner du ciel et pactiser avec l'enfer ? Qu'elles commencent par chasser de leur cœur la haine et par rapprendre la charité sociale. Comme elles ont soufflé la discorde, qu'elles soufflent maintenant la réconciliation. Dans toute notre histoire, il ne s'est pas trouvé une meilleure occasion pour elles de se donner un grand but ; pour cela, il ne s'agit pas de sortir de leur sexe, mais d'y rentrer.

Quelle était la destinée des plus grandes dames du siècle de Louis XIV ? S'attirer un regard du roi ; cela remplissait une vie.

Comparez cela à ce que pourraient être les femmes, si elles se proposaient de guérir les plaies de leur nation. Seront-elles avec le bon ou le mauvais Samaritain ? Et perdront-elles leur Dieu, parce qu'elles marcheraient dans sa voie ? Elles n'auraient pas besoin de se jeter sur la place publique ; c'est dans l'intérieur, au foyer, que peut se répandre cette influence de paix et de lumière.

Voulons-nous revivre ? Mettons fin à tout charlatanisme dans la parole et dans l'action. Ne sacrifions plus l'être au paraître. N'enflons plus les petites choses, ne rapetissons plus les grandes. En cela, l'exemple des femmes serait tout-puissant.

Quel plaisir trouvez-vous à vous enlaidir de toutes les laideurs de l'esprit : décrépitude de l'âme, dureté pour le faible, adoration du plus fort quel qu'il soit, passion pour les voies obliques, peur de toute sincérité, horreur de toute intelligence libre ? Mentir, mentir, toujours mentir ; hors de là, n'y a-t-il réellement point de salut ?

S'il était avéré un seul jour que les Françaises préfèrent la force de l'âme aux capitulations quotidiennes, l'être au paraître, le caractère au petit savoir-faire, le courage à la défaillance, la vie de l'esprit à la routine, la noblesse du cœur à l'art de parvenir, la sincérité à la rouerie, la simplicité au charlatanisme ; s'il était entendu un seul jour que la plus grande qualité à leurs yeux n'est pas l'habileté mesquine, que l'honneur est au-dessus du succès ; si c'était là leur foi civile, les hommes se rangeraient bien vite de ce côté. La régénération des Français serait accomplie presque aussitôt qu'entreprise.

La dégénération, dites-vous, a commencé par les mères. Elles-memes ont poussé leurs fils à la déchéance ; elles ont eu peur du bien, de la sincérité, du courage, comme d'autant d'obstacles à la bonne fortune ; elles ont préservé leurs fils de toute vertu, par piété maternelle. Quand les choses en sont là, où est le remède ?

Dans le mal lui-même. Celles qui l'ont fait pourraient encore le guérir. Pendant vingt ans, leur création a été le petit crevé. Ne pourraient-elles pas concevoir enfin un autre idéal de la nature humaine ? Si cela leur est difficile, leurs filles sans doute penseront autrement.

Et qu'on n'ajoute pas qu'une pareille régénération est impossible. Encore une fois, j'ai vu cet impossible réalisé ; j'ai vu des multitudes innombrables de Parisiennes accepter pendant cinq mois la famine, la ruine, le bombardement, la mort, en souriant. Je les ai vues attendre tranquillement leur dernière heure, avec leur dernière bouchée de pain pour elles et leurs enfants. Ce ne sont pas elles qui ont insulté nos derniers défenseurs. Si les chefs d'armée, si les hommes de guerre avaient voulu, elles auraient continué l'épreuve jusqu'à l'extrémité. Elles n'ont eu de larmes que lorsque la détresse physique a cessé.

Ce ne sont pas les femmes qui ont capitulé ; elles avaient horreur de la capitulation qui devait leur rendre la vie. Ce ne sont pas elles qui ont voulu et signé une paix monstrueuse. Elles ont voulu la bataille suprême. Aucune injure, aucune calomnie ne peut leur ôter cet honneur immortel. Quand des femmes ont été capables de donner au monde un pareil exemple, elles ne sont pas faites pour propager une race dégénérée, mais pour enfanter à la vie nouvelle une France meilleure.

XLI

LE JÉSUITISME EN MATIÈRE POLITIQUE.

Depuis ma rentrée en France, une chose m'a frappé. Le jésuitisme, que j'avais rencontré et combattu, il y a trente ans, était alors renfermé dans la religion ; aujourd'hui il s'est profondément incarné dans la politique. Un observateur attentif pourrait retrouver tous les personnages des *Provinciales* de Pascal, le père Bauny, le père Annat, Escobar, Sanchez, en robe courte, dans le monde politique de nos jours. Rien de plus instructif que d'observer ce phénomène croissant.

Si je voulais faire un Etat suivant l'idéal jésuitique, voici les mesures que je prendrais :

Je dirais : Nous vénérons, nous glorifions le suffrage universel. Donc il faut établir la monarchie, qui, une fois fondée, extirpe le suffrage universel pour les générations futures. Quand il aura cessé d'exister, il aura atteint sa perfection. Travaillons-y en conscience.

Si j'avais à faire une loi sur la presse, je commencerais dans les préliminaires par un éloge oratoire de la liberté de la presse ; après quoi je conclurais en rétablissant le dispositif des lois aux moyens desquelles ont été condamnés et extirpés tous les écrivains illustres ou obscurs de la Restauration et du règne de Louis-Philippe ;

J'écrirais, au frontispice de chacune de mes lois, les principes de l'humanité moderne : après quoi je les détruirais, pièce à pièce, dans chacun des articles.

Je commencerais invariablement chacun de mes discours et de mes écrits par l'affirmation de toutes les libertés imaginables, et je conclurais par une restriction. De soustraction en soustraction, j'arriverais nécessairement à ce parfait néant qui serait mon idole.

Ce que j'ai soutenu autrefois avec tous les hommes de liberté, je le présenterais aujourd'hui comme une invention récente, une utopie radicale, impossible.

Si j'avais à nommer un président de la République, je lui donnerais la mission de ramener la République à la monarchie ; chaque jour serait un jour de fraude, et dans cette embûche la France aurait la chance de périr cent fois.

Liberté, égalité, suffrage universel; tout serait broyé sous ce mensonge continu, sous cette machine de mort, ce laminoir d'acier, qui passerait et repasserait sur les esprits, sans s'arrêter ni se lasser jamais. Par ce moyen l'esprit français se démentant à chaque mot, renégat, apostat, Judas humanitaire, finirait par être mis au ban de l'esprit humain.

Avez-vous entendu parler du curare, le roi des poisons ? Infiltré dans les veines d'un peuple, le jésuitisme produit sur une société des effets tout semblables à celui du curare sur l'organisation physique d'un individu : nul changement extérieur, le visage accoutumé, les dehors maintenus, les tissus conservés; mais seulement l'énervation universelle, chaque fibre paralysée, l'atrophie de la volonté, plus de transmission de la pensée aux organes du mouvement, du centre cérébral aux muscles et aux membres ; la douleur au dedans, l'inertie impassible au dehors, le mal partout et nulle part ; l'anéantissement interne, un simulacre de vie à la surface ; rien qui décèle nulle part le meurtrier et le genre de mort. Tel le curare, tel le jésuitisme.

Le dix-huitième siècle a pu vomir ce poison, le dix-neuvième le pourra-t-il !

Comptez les efforts faits de nos temps pour défendre la civilisation contre ce fléau : en Suisse, expulsion des Jésuites ; en Prusse, droit d'expulser les Jésuites et les congrégations affiliées à cet ordre ; en Autriche, abolition du concordat ; en Hollande, séparation de l'Eglise et de l'enseignement ; en Irlande, séparation de l'Eglise et de l'Etat; en Espagne, abolition de tous les ordres religieux depuis quarante ans (le gouvernement, dit-on, propose aujourd'hui même la séparation de l'Eglise et de l'Etat) ; en Italie, sécularisation des biens du clergé, ablation du pouvoir temporel du pape ; aux Etats-Unis, séparation de l'Eglise et de l'Etat, suppression du budget des cultes. Voilà comment se défend l'esprit moderne contre l'esprit de mort.

Dans cette lutte, la France seule manque à l'esprit moderne ; ou plutôt le libéralisme français n'a pu s'élever au-dessus de cette formule jésuitique : « La liberté de détruire la liberté. » Il tourne dans ce cercle, sans pouvoir le franchir, ayant perdu l'énergie de l'esprit, le jour où il a perdu la sincérité. Quiconque persévère dans cette voie travaille à effacer la France du rang des grands Etats.

La meilleure armée du monde, si elle plaçait à son centre le jésuitisme, serait balayée comme la poussière.

XLII

AVERTISSEMENT AUX RÉPUBLICAINS. — COMMENT S'ORIENTER ENTRE LES PARTIS?

Au milieu de tous les piéges, les républicains ont, s'ils le veulent, un moyen certain de voir clair dans la pensée de leurs ennemis.

Je vais dire en quoi il consiste.

Quand un parti n'acquiert aucune idée nouvelle, il tourne dans un cercle où son histoire se répète immuablement. La connaître dans le passé, c'est la connaître dans le présent et l'avenir.

Appliquons cela à la réaction française. Invariable dans sa haine de l'esprit nouveau, elle est aujourd'hui ce qu'elle était hier ; si vous la voyez de 1796 à 1799, vous la voyez en 1872.

Même plan, même méthode, mêmes discours, même esprit impitoyable, mêmes formules : une République sans républicains ; entrer par toutes les voies dans la place, s'attribuer tous les emplois; remplir l'administration, la magistrature, l'armée; enraciner partout la monarchie sans la proclamer. A quelle époque appartient cette méthode? A notre temps, direz-vous. Oui, sans doute; mais elle appartient aussi à l'intervalle de 1795 à 1799. Tant il est vrai que la réaction a chez nous le même visage immuable, à la distance de près d'un siècle.

Qui connaît celle de 1796 connaît celle de nos jours.

Ce même Pichegru, qui voulut tourner contre son pays les armes de ses soldats, n'a-t-il pas reparu tout entier de notre temps?

En 1796, la réaction faisait le procès aux jacobins, pour remonter de ceux-ci aux thermidoriens, des thermidoriens aux girondins, des girondins aux constitutionnels; engrenage d'accusation qui allait à extirper la révolution tout entière. De même aujourd'hui : la réaction fait l'enquête sur la Commune pour remonter de la Commune à la défense de Paris, au 31 octobre, au 4 septembre, afin d'envelopper la République tout entière dans la même interdiction.

Ainsi, même esprit chez les réacteurs de l'an V et chez les réactionnaires de 1870. Apprenez à connaître les uns par les autres. Ils ont même langage; comprenez leurs paroles d'aujourd'hui par leurs paroles d'autrefois. Ils ont même procédé, mêmes actions: comprenez ce qu'ils font sous vos yeux par ce qu'ils ont fait avant vous.

Ayant de pareils moyens de vous éclairer sur leur marche, certes, vous seriez impardonnables de vous laisser abuser un seul instant. Avec de tels instruments de précision pour lire dans les esprits, il faudrait aujourd'hui être à demi complices pour être dupes.

La réaction étant identique à elle-même, où donc est la différence des temps?

Elle est dans le pays et dans les choses. Si la réaction est restée immuable dans ses méthodes, le pays a changé. Il n'est plus nulle part ni chouan ni vendéen, ni émigré ; il est devenu républicain.

Voilà la différence.

Dernier avertissement et le plus certain de tous. Chaque fois que la réaction a cru l'occasion venue d'asservir la France, par exemple à la veille du 18 brumaire, elle a commencé par jeter sur la place publique une masse de bruits sinistres pour troubler les intelligences, forgeant des périls imaginaires, inventant des complots, dévoilant des trames qu'elle prétendait avoir soudainement découvertes dans la nuit. Cela n'a manqué à aucune des époques d'asservissement. En tout temps, le sauve-qui-peut a précédé d'un jour l'anéantissement de la vie publique.

Attendez-vous donc tôt ou tard à revoir ce dernier acte de la réaction. Quand on vous dira, comme en l'an VII, que la Commune reparaît, que l'incendie s'est rallumé sous les cendres, que les déportés débarquent sur les côtes, que les morts de Satory ressuscitent, que la société est au bord du gouffre, sachez qu'il s'agit d'un autre 18 brumaire ou d'un autre 2 décembre. Ils seront vaincus dès qu'ils seront démasqués. Reconnaissez-les à ces signes.

Une si grande similitude avec le passé ira-t-elle jusqu'au bout en toutes choses. Reverrons-nous à nos bancs, dans l'enceinte des lois, les grenadiers de brumaire an VII, les prétoriens de 1851 ? Les verrons-nous de nouveau, masqués de légalité, nous appréhender au corps ?

Les reverrons-nous dans la nuit nous bâillonner et nous jeter hors de France ? Ne suis-je revenu de l'exil que pour y rentrer ? Nous laisserons-nous encore une fois traîner sans résistance, de proscription en proscription, et mener au boucher, stupides agneaux qui ne savent pas même reconnaître le loup ? La France et l'armée laisseront-elles exécuter contre nous toutes les scélératesses, pourvu qu'il se trouve un scélérat qui les ordonne ? C'est trop d'avoir à poser ces questions.

Je demandais un jour à un officier anglais : « Si, en Angleterre, le ministre de la guerre vous commandait d'entrer, baïonnette en avant, dans la Chambre des lords ou des communes, d'empoigner les membres qui lui déplaisent, d'en bâillonner un certain nombre pour l'exemple de tous, de les jeter hors des îles Britanniques ou de massacrer les opposants ; si cet ordre vous arrivait par la voie hiérarchique, régulière, que feriez-vous? » L'officier anglais me regarda stupéfait, puis il me répondit: « Nous jugerions que l'homme qui a donné cet ordre est fou; nous le mettrions à Bedlam. »

Non, le danger pour la France n'est pas dans un crime patent, à la lumière du jour.

Le péril est dans un crime masqué, souterrain; il est dans le système toujours renaissant des fraudes *modérées*, des coups d'Etat légaux : par exemple si l'on voyait apparaître, comme président de la République, un prince d'une maison régnante. Ce serait le stathoudérat.

Voilà le danger, voilà l'ennemi!

Que peut être, en effet, le stathoudérat en France? Un chemin miné pour ramener la République à la monarchie. Dans ce trajet à parcourir pour changer la liberté en servitude, il faudrait que chaque jour, chaque heure, fût une fraude savamment élaborée, une embûche à la conscience publique.

La langue, l'esprit devraient se déformer dans une courbe tortueuse. Au milieu de ces plis et replis de serpent, que d'occasions pour cette nation de passer en rampant de la fourberie à la dégradation, de la dégradation à l'anéantissement sous un peuple étranger! C'est alors que l'occupation des Allemands deviendrait éternelle; ou, mieux encore, ils n'auraient pas besoin d'occuper la France; ils y règneraient par un vice-roi de leurs amis.

XLIII

LES RÉFORMES NÉCESSAIRES. — LA DIPLOMATIE.

Je n'entreprendrai pas de faire ici le plan des réformes nécessaires ; il me suffit d'en marquer l'esprit en peu de mots.

En 1831, j'ai poussé le premier cri d'alarme ; j'ai averti la France qu'une nation se préparait à la démembrer. Depuis ce moment, chaque année j'ai signalé le péril de plus en plus pressant.

Ce n'est qu'en 1868 que la diplomatie commence à s'apercevoir qu'il y a dans le monde une Prusse e qu'il se forme un grain à l'horizon. Il lui a fallu quarante ans pour faire cette découverte.

Qu'est-ce donc que la diplomatie française ? Où était sa pensée ? Comment expliquer cet aveuglement ? Que faisait-elle de ses yeux et de ses oreilles ? Elle ne voyait que nos coteries intérieures. Cela lui cachait le monde.

En France, on ne choisissait les diplomates que dans une étroite coterie. Étrangers à tous les sentiments populaires, ces hommes allaient vivre chez des peuples dont ils ne pressentaient en rien le génie, les passions, l'avenir. Tout leur restait fermé de ce qui se passait dans l'esprit des nations qu'ils avaient charge d'observer. Ils ne se doutaient pas qu'il pût y avoir un peuple derrière un ministre. Aussi que de mécomptes et quel réveil, quand les nations elles-mêmes entraient en scène !

La première condition pour démêler les projets du monde contemporain, c'est d'en faire partie. Avoir les yeux tournés vers ce qui n'est plus et ne peut revenir, mauvais moyen de lire dans l'esprit et la pratique de nos ennemis.

Voulez-vous savoir ce qui a trompé tous nos diplomates ? C'est l'habitude de voir le gouvernement français afficher une pensée contraire à celle du peuple.

Tout ce qui est national, ils l'appellent *politique de cabaret ;* et ils n'ont jamais pu se figurer qu'en Allemagne cette politique de cabaret était au fond celle du gouvernement prussien et de M. de Bismarck.

C'est que la diplomatie actuelle n'est plus cachée dans le cabinet d'un ministre ; elle éclate dans tout le génie d'un peuple. La diplomatie de M. de Bismarck était écrite en caractères gigantesques sur le front de l'Allemagne. On ne pouvait pas ne pas la voir, si l'on eût regardé de ce côté. Elle n'est plus minutée dans des papiers d'État ; elle ressemble à ces inscriptions orientales en lettres de vingt coudées qui occupent des montagnes entières.

Pourquoi ne les avez-vous pas lues ? Parce que vous regardiez ailleurs, et que vous étiez pleins de mépris pour ces signes vivants, nationaux.

Tout vous avertissait : le déchaînement des écrivains, des artistes, des philosophes, les conversations autour du foyer domestique. Mais cette marée montante de passions et de haines, ce grondement de toute une race d'hommes n'étaient pas renfermés dans un salon. Les pierres mêmes criaient : « Guerre à la France ! » Et vous répétiez votre mot : *Politique de cabaret*. Et vous passiez sans écouter, tant vous aviez perdu le sentiment de ce que peuvent un peuple et un gouvernement qui ont la même passion.

Tel qui excelle à déchiffrer des notes poudreuses ne comprend rien aux signes de la colère d'un peuple. C'est là toute une éducation à faire. Il faut désormais que nos diplomates apprennent à lire, non plus seulement dans les notes de chancellerie, mais, ce qui est tout autrement difficile, dans l'esprit des nations contemporaines ; car ce sont elles qui désormais feront la paix ou la guerre. Cette science nouvelle ne s'apprend pas seulement dans les fêtes de cour. La petite diplomatie personnelle a fini, la grande commence. C'est à celle-ci qu'il faut s'initier, sous peine de se méprendre à chaque pas, quand il s'agit pour la France de vivre ou de mourir.

XLIV

LA MAGISTRATURE.

Après la diplomatie, l'institution judiciaire est la plus empreinte chez nous de l'esprit vermoulu du passé.

Née et développée sous le pouvoir absolu, la magistrature semble ne devoir enfanter que le pouvoir absolu. Comment sortir de ce cercle ? Comment faire entrer dans l'ancienne famille judiciaire l'esprit nouveau ?

Avant que le pouvoir d'un seul eût tout absorbé en France, l'élection était le principe de la magistrature française. Au quinzième siècle, les présidents, les conseillers étaient nommés par les parlements de chaque province.

En revenant à l'élection, on reviendrait aux rares

traditions de liberté qui sont enfouies dans le passé de la France. Ces semences de liberté n'ont pas produit leurs fruits ; elles pourraient encore germer. On a vu les grains de blé ensevelis dans les pyramides d'Égypte revivre de nos jours et donner des épis.

Le grand mal de la magistrature française sera longtemps l'impatience d'avancement, qui, funeste dans l'armée, l'est bien plus dans l'ordre judiciaire. Ne laissez pas cette pâture au favoritisme ou aux caprices du pouvoir. Réglez cette impatience en la subordonnant aux épreuves de la conscience publique.

Vous ne pouvez en cette matière rester au-dessous des tribunaux du moyen âge. Si le quinzième siècle donnait l'élection aux parlements, le dix-neuvième l'étendra aux membres du barreau, aux professeurs de droit, aux avoués, aux notaires, de manière à empêcher que le pouvoir judiciaire, en se recrutant lui-même, ne se change en caste.

J'ai vu le moment où l'on allait faire sortir de l'élection le principe d'une caste de magistrats, maîtres, de père en fils, de la fortune et de l'honneur des citoyens. Trois voix de moins, et la France rentrait dans l'extrême esclavage par le chemin de la liberté. C'eût été le chef-d'œuvre du libéralisme jésuitique.

Craignez que par une loi physiologique qui domine quelquefois les lois sociales, le tempérament des anciens parlements de France ne passe dans la magistrature nouvelle. Ce tempérament était la haine de la pensée, la guerre à l'intelligence, la passion de toutes les superstitions surannées. Faites que cette âme-là ne survive pas dans les nouveaux corps judiciaires.

Sous ma fenêtre, passe le cortége des magistrats, en grande pompe, au son des cloches. Au même moment, même cortége dans toutes les villes de France. Où vont-ils ? Inaugurer la justice nationale par la restauration de la messe catholique du Saint-Esprit.

La religion d'État est-elle donc rétablie ? Le catholicisme est-il redevenu la religion d'État ? L'égalité des cultes, inscrite dans nos constitutions depuis quarante ans, n'est-elle qu'une fantaisie ? Pourquoi donner aux peuples, par ce spectacle, une idée qui est le contraire de l'esprit de nos institutions ?

Comment respecterai-je la loi, si vous, qui êtes la loi, ne la respectez pas ?

Ici je touche à l'une des contradictions qui sont la ruine des États. Sur quoi, je dirai comme Hérodote : « Je connais ces mystères ; mais il ne m'est pas permis d'en parler. »

XLV

L'IMPÔT.

J'ai montré ailleurs que l'impôt sur le capital estimé par le revenu a été établi dès 1427 à Florence, et que les troubles de la république ont cessé depuis l'établissement de cette loi de justice. Les hommes qui ont le plus contribué à cette réforme sont les premiers Médicis. Étaient-ce donc des hommes de désordre ? C'est par cette loi de finances qu'ont été fondées les merveilles que l'on a appelées le siècle des Médicis. Pourquoi ce qui a été chez eux sagesse, prospérité, prévoyance, magnificence, ne serait-il chez nous que barbarie ? Ne pouvons-nous supposer que nos préjugés, notre esprit de routine, soient la vraie barbarie dont il s'agit de nous défaire ?

Les classes riches d'Italie, en acceptant cet impôt,

ont fait le sacrifice de leur puissance d'argent, de leurs préjugés de boutique, à la fortune de l'État. Par là, elles ont mérité de rester à la tête de la nation.

Chez nous, nos *popolani grassi*, nos gros bourgeois n'ont pu se plier à une réforme de ce genre ; ils ont refusé de mettre leur grandeur dans la grandeur publique. Par où l'on voit qu'une république aristocratique, patricienne, à la façon des Médicis, est impossible chez nous, puisque l'esprit du patriciat nous manque. Ne cherchez pas chez nous la race des premiers Médicis ; elle n'existe pas.

Est-ce donc trop demander, en matière d'impôts, que d'aspirer aujourd'hui à ce qui a fait la fortune et la gloire de l'Italie, apaisé les troubles, réconcilié les classes, il y a quatre cent quarante-cinq ans (1) ?

Si tout ce qui est vie et progrès chez les autres devient chez nous lettre morte, est-ce vraiment incapacité de la nation ? C'est ce qu'il faudrait voir. Que n'essaie-t-on une fois seulement de porter franchement l'esprit moderne, vivant, dans une loi ? On verrait alors si la nation française est incapable de supporter la lumière des choses modernes. Mais tous nos gouvernements font le contraire. Ils inscrivent dans la loi l'esprit de routine, et ils disent : La nation le veut ainsi ; elle se plaît à la mort.

(1) V. les Révolutions d'Italie dans mes *Œuvres complètes*, T. IV.

XLVI

UNE NOUVELLE ÉCOLE D'HOMMES D'ÉTAT.

Il faut refaire chez nous une autre école d'hommes de gouvernement. C'est la réforme à laquelle toutes les autres aboutissent.

Chez les autres peuples, les hommes d'État se servent des instincts nationaux comme des forces vives du pays. Chez nous, tout esprit public étonne, scandalisé; ce qui est populaire, instinctif, national, est aussitôt réprimé, condamné, fustigé. Nos hommes d'État s'en effarouchent comme d'un danger public. Plus le sentiment du pays est fort, plus on se fait gloire de le combattre. Un gouvernement se manquerait à lui-même s'il déférait aux vœux de tous.

Restauration, quasi-restauration, république sans républicains, ont vécu sur cette belle maxime d'État:

si la nation française réclame une chose, son gouvernement doit vouloir exactement le contraire.

C'est ainsi, en effet, que des chefs d'État se font honneur à eux-mêmes, en tirant leurs forces, non de l'assentiment de la nation, mais de ce qui est contraire à l'esprit de la nation.

Eh ! quel mérite, je vous le demande, auraient un chef d'État et ses ministres de se conformer aux vœux, aux désirs, à l'esprit du peuple qui leur a confié le pouvoir ? Ils auraient, Dieu me pardonne, l'air d'obéir à l'opinion. N'est-il pas cent fois plus beau de tenir toujours la nation en tutelle, de la régenter, la férule ou la verge à la main, de tout trancher par sa propre fantaisie, de jeter perpétuellement le défi à l'esprit public ? Cela sent l'ancien régime et le grand roi. N'est-il pas noble et digne de dire à un grand peuple : Tu veux cela, pauvre sire ? Eh bien ! moi, je veux et je ferai le contraire. Reste à mes pieds, dans la poudre.

Ne voyez-vous pas que cette habitude de tous nos gouvernants est un reste de droit divin, d'après lequel la nation, n'existant pas, n'avait rien à dire ? Le prince seul prenait conseil de lui-même. Revenus à ces maximes, nos gouvernants se sentent princes ; ils le sont. S'ils tenaient notre avis pour quelque chose, ils dérogeraient.

Conséquence de ce système : Pour contredire une nation dans tous ses instincts, pour se substituer à elle, il faut non-seulement une extrême assurance, mais encore il faut avoir une grande force dans sa main. Or, c'est là une chose qui n'a jamais embarrassé nos hommes d'État. Tous, ils se sont fait une armée qui pouvait facilement mettre à la raison l'esprit public et l'obliger de se conformer à la fantaisie d'un seul, à son ferme propos d'empêcher une nation de vivre et de marcher.

A ces secrets de gouvernement, je ne vois qu'un seul inconvénient. En formant une armée pour de tels desseins, en la marquant de cet esprit, en lui donnant pour objectif une éternelle campagne à l'intérieur, on rend l'armée impuissante contre l'étranger; on met la nation à la discrétion de l'ennemi. Mais cet inconvénient est bien faible, je l'avoue, en comparaison des avantages que je viens d'énumérer plus haut : un reste de droit divin, une nation en tutelle, un peuple muet, un maître qui gronde dans la nue !

Verra-t-on toujours en France le gouvernement avoir peur de la vie nationale, le mot remplacer la chose, la forme détruire le fond, la lettre tuer l'esprit ?

Peut-être un jour viendra-t-il où l'école des hommes d'État changera de méthode. Las de combattre la nation, d'en châtier les instincts, l'homme d'État s'avisera de s'en inspirer. Ce jour-là, on sera étonné des forces qu'il puisera dans l'accord de son génie et de celui de la nation.

Quand le gouvernement tranche les questions dans un sens opposé à l'esprit public, il semble que le fil des destinées de la France soit rompu. Ne jouons pas plus longtemps avec nous-mêmes le rôle des Parques ; ne prenons pas leurs ciseaux.

La France est fatiguée, nous dit-on.

J'entends cela depuis cinquante ans.

Oui, il est fatigant de lutter contre la force des choses, de combattre contre la lumière du jour.

Il est fatigant d'être ballotté entre la République et la Monarchie.

Il est fatigant d'être tiré à quatre chevaux par le Césarisme, le Jésuitisme, l'Orléanisme, le Légitimisme.

Essayez donc enfin de vous placer dans le courant de votre siècle ; vous cesserez de répéter : Je suis las. Vous vous reposerez dans vos œuvres.

Mais remonter le cours du temps, avoir toujours la raison, la justice à combattre ; oui, cela est fatigant comme l'Enfer.

On ne peut, disent-ils encore, faire de sa vie une crise. Ils se trompent.

Toute la vie peut être une crise, une bataille pour le droit ; et chacun de nous commande en chef dans cette bataille rangée.

Je ne sais même si la mort nous donnera le repos. Du moins, nous combattrons encore par nos tombes.

XLVII

LA QUESTION SOCIALE. — L'ARISTOCRATIE D'ARGENT.

Ce que l'on appelle de nos jours la question sociale est un cas particulier, un épisode de ce qui s'est appelé avant nous lutte des riches et des pauvres, du peuple gras et du peuple maigre, des grands et des gueux : vieille question qui a rempli le monde et traversé toutes les civilisations.

Comment l'antiquité a-t-elle résolu ce problème? D'abord par la fondation des colonies. C'est par là que les cités antiques purent se conserver intactes. Elles jetaient leurs essaims sur des terres encore inoccupées. Par ces grands établissements, les classes diverses purent se trouver en présence sans s'étouffer l'une l'autre. La misère ne s'ajoutait pas à la misère.

La Sicile n'avait pas de colonies. Dans ses grandes

villes, l'inégalité sociale allait croissant. Tout s'empirait dans un territoire fermé, où chaque place était prise.

Aussi la Sicile a-t-elle été, plus qu'aucune autre contrée, dévorée par la question sociale. Les riches et les pauvres, enfermés dans des villes insulaires, sans issue, ne purent que s'exterminer les uns les autres ; leur histoire n'est qu'une longue guerre de classes.

A Rome, le système des colonies, les distributions de terres, furent aussi la première solution de la question sociale et le salut des plébéiens. Plus tard, quand la terre commença à manquer, c'est la loi elle-même qui s'ouvrit à un esprit nouveau. On passa de l'ancien droit strict au droit interprété par l'équité ; et ce pas a été fait en ajoutant à l'ancienne juridiction celle du préteur, qui a représenté la conscience humaine vivante en face de la législation immuable, lapidaire du passé.

Si l'antiquité n'eût pas trouvé cette voie pour sortir du vieux droit, elle eût été brisée, avant les barbares, par les seules difficultés intérieures.

On peut donc penser que les peuples modernes, rencontrant la même difficulté, la résoudront par des moyens analogues. Ils établiront l'équivalent de la législation du préteur, dans la question de la vie économique. S'enfermer dans les formules d'une science économique que l'on croit immuable, où cela mène-t-il ? A ce qui serait arrivé dans l'antiquité, si la société romaine s'était enfermée dans les formules rigides, dans la science implacable du vieux droit des décemvirs, sans ouvrir la porte au droit nouveau. Mais qui représentera cet office tout humain du préteur antique dans nos sociétés modernes ? Évidemment ce ne sera plus un seul magistrat; ce sera tout tribunal qui donnera le mieux accès au progrès, à l'équité, au développement de la conscience des nouveaux rapports sociaux. Extension du jury en matière civile, chambre destinée à la préparation des lois sur l'industrie, conseils de prud'hommes, associations : c'est dans ce sens que sera remplacé l'ancien préteur.

L'équité, la conscience, en pénétrant librement dans la vieille législation des Douze-Tables, ont enfanté le droit romain. Il faut que de même l'équité pénètre dans la science et dans les formules rigides de la législation traditionnelle, pour enfanter le nouveau droit ; travail qui ne se fera pas en un moment, mais auquel chaque jour apportera sa part de pensée et d'action.

Vrai caractère de l'aristocratie d'argent : l'essence de ce gouvernement est la prétention des riches à être seuls capables d'administrer et de gouverner.

La formule « République sans républicains » montrerait à elle seule qu'il s'agit de fonder la toute-puissance des hommes d'argent.

Il y a plus de deux mille ans, Aristote disait déjà que

la manie des riches est de se croire seuls en état de gouverner la République.

Comment a-t-il pu, sans être déchiré, énoncer des vérités si sévères sur les enrichis? Rien ne fait plus d'honneur à l'esprit athénien.

Mettre à néant les masses humaines au profit du bourgeois gentilhomme, refaire le régime des *popolani grassi*, des gros bourgeois de l'Italie au moyen âge, avouez que cela est bien séduisant.

Mais où sont-ils, vos *popolani grassi?* Songez donc que ceux d'Italie n'avaient jamais vécu dans la domesticité royale; leurs origines se perdaient dans la nuit des temps. Ils comptaient parmi eux les plus grands citoyens, toujours prêts à mettre en commun leurs richesses, leurs héritages, avec la fortune de l'État. Ils avaient le génie désintéressé des arts, le culte de la beauté. En êtes-vous là?

Vous ne répondez jamais à la passion que par la passion, à la haine que par la haine, à l'intolérance que par l'intolérance. Vous ne dominez jamais le champ de bataille. Trêve de colère! il y a un enchaînement daus nos malheurs et vous y fermez systématiquement les yeux. Soyez sages! vous contentez-vous de répéter à satiété. Mais je vous dis à vous-mêmes : Soyez sages! C'est-à-dire, pesez, voyez, comptez vos fautes.

Si vous voulez vous masquer en nouveaux nobles, montrez-moi donc de grâce quelques nobles pensées, une supériorité de cœur, d'esprit ou au moins de langage. Mais cette haine déclarée contre tout ce qui grandit l'homme, je veux dire contre toute liberté, toute fierté morale, toute indépendance, comment voulez-vous que cela soit pour moi le signe de l'élévation sans laquelle je ne puis me figurer une classe éclairée ?

Quelle étrange distinction, après tout, de ne pouvoir acquérir aucune notion vivante, moderne, dans l'ordre religieux, philosophique ou politique! Jusqu'ici cela avait été le signe d'un membre qui s'atrophie et des parties mortes dans une nation.

Avouez que les classes dirigeantes auraient grand besoin d'être dirigées. Comment leur complaire ? Parlons-nous de l'âme ? Elles ricanent. Mysticisme comique! disent-elles. Parlons-nous du corps? Voilà bien le radicalisme grossier. Quel horrible matérialisme, grand Dieu!

Ainsi, ni l'âme ni le corps. Trouvez-moi, je vous prie, une autre substance.

N'est-ce pas pitié de voir le monde se pétrifier à ce point par haine de la vérité? Si insensible à toute justice! si sourd à toute voix qui supplie! si pharisaïque!... Encore une fois, dites, est-il vrai qu'il n'y a plus nulle part une étincelle dans ces âmes de pierre ?

C'est ici le moment de définir le parvenu et de dire pourquoi il lui est impossible de régénérer une société.

Son premier caractère est d'avoir honte de ses pères. Il en éloigne sa pensée; il ne voit que le présent : voilà pourquoi il voit tout à la surface. Les événements se forgent dans des profondeurs sur lesquelles il ne reporte jamais les yeux.

Second caractère : le parvenu hait le peuple; personne autant que lui ne hait les classes dites inférieures d'une haine aussi âpre; tant il en est voisin, tant il a peur d'y rentrer!

Pour s'en distinguer, que n'invente-t-il pas! Sa grande affaire est de changer de nom et de dérober ses origines, c'est-à-dire de se soustraire à la condition historique de tout progrès réel. Imaginez un arbre qui renierait son germe. Quel fruit produirait-il?

Tel achète un moulin et en prend le nom, qui se croit entré par cette grande porte dans la gentilhommerie. Triste maladie des plébéiens français : renier leur père et prendre un autre nom. Par là on se condamne à jouer un rôle de théâtre toute sa vie, à n'être jamais soi, à n'avoir point de passé ni de dieux domestiques. Il faut jouer un personnage que l'on ne saurait être. Quelle attention pour ne pas rentrer un seul moment dans le naturel! Vie d'acteur qui ne quitte jamais le masque.

C'est là une des causes du ton apprêté, factice du monde en France. Rien de plus contraire à ce qu'était la physionomie française, qui se distinguait précisément par le naturel, la vie, la bonne grâce. Chacun récite le rôle de Georges Dandin. O ciel ! si la mémoire allait lui manquer !

Est-il bien sûr que l'ouvrier, le paysan enraciné dans le sol, n'est pas, à un degré supérieur de l'échelle, au-dessus du parvenu qui, reniant ses parents, ses amis, ses origines, a justement la consistance de la feuille morte tombée de l'arbre séculaire ?

De quelle argile faut-il être formé pour ne pas se réjouir quand un ouvrier, au milieu d'une grande assemblée qui s'estime l'élite de la nation, montre tout à coup des talents, des connaissances, une force d'esprit, qui semblaient jusque-là le privilége de la classe riche ? Est-ce le précurseur d'un monde nouveau ? C'est du moins le signe que la culture s'élève

Il ouvre la bouche, il est orateur. D'où lui vient cette éloquence ? A-t-on peur qu'il ne vienne prendre sa place au soleil ? Aimeriez-vous mieux l'*animal farouche* dont parle La Bruyère ?

Réjouissez-vous, si vous êtes homme, de trouver un homme où vous pensiez ne trouver que l'eslave d'une machine à tisser, à moudre ou à fouler.

Que deviendront les fils de nos réactionnaires d'aujourd'hui ? A cette question, que je répète souvent, les uns répondent : Ils seront meilleurs que leurs pères ; d'autres : Ils seront pires ; d'autres me disent résolûment : Ils seront *mangés*. Pour moi, j'incline à croire qu'ils ne seront ni meilleurs ni pires, mais tout semblables à leurs pères. Si quatre-vingts ans des plus terribles expériences n'ont rien pu sur leurs pères, il en sera de même des fils. L'immutabilité semble être désormais la fatalité des uns et des autres. Comment y échapper ? D'où leur viendraient le mouvement et la vie ? Un dieu nouveau serait seul capable d'opérer ce prodige.

XLVIII

LUTTE DES CLASSES.

Les guerres sociales de classe à classe font courir à un peuple de bien plus grands dangers que les guerres de religion. En voici la raison :

Les guerres sociales désorganisent une nation ; les guerres religieuses ne font rien de semblable.

Dans les luttes de religion, chaque parti contient tous les éléments de la société, grands et petits, riches et pauvres ; c'est-à-dire que la masse entière de la nation est représentée dans chaque faction religieuse.

Au contraire, dans les guerres sociales, chaque camp ne contient plus qu'une classe : les riches d'un côté, les pauvres de l'autre. L'ensemble des conditions n'est plus représenté nulle part. Premier symtôme de désorganisation.

On pourrait dire que, dans les guerres religieuses, la scission se fait verticalement, de manière que toutes les couches de la société restent agrégées. Dans les guerres sociales, la rupture se fait en sens horizontal, de manière que chaque couche soit séparée des autres.

Le mal est, dans ce cas, bien plus profond et le danger plus imminent, puisque c'est l'unité de la nation qui court risque d'être mise en pièces.

Quand la lutte des riches et des pauvres commence à se déclarer, la passion règne seule chez les prétendus sages. Les grands sont pris de la même ivresse que les petits. Toute supériorité morale disparaît chez ceux qui se croyaient seuls capables de gouverner. La raison ne trouve plus de place dans l'aveugle mêlée. C'est dans des crises de ce genre qu'ont péri plusieurs civilisations.

Si de plus la ploutocratie antique se combine avec le jésuitisme moderne, voilà, il semble, le dernier terme de la progression dans le mal.

Décadence évidente des hautes classes, quand les grands ne sont plus animés d'aucune pensée de grandeur, quand les conservateurs n'ont plus aucun autre instinct que de conserver leurs jouissances. La mort est déjà dans les branches les plus élevées de l'arbre; le vent les entrechoque avec un bruit grêle comme des ossements. Restent le tronc et les racines profondes.

Dans ces temps de crise, celui qui a commencé par défendre les faibles, les pauvres, s'il passe brusquement du côté des riches, est aussitôt comblé par eux de faveurs, d'emplois, de richesses, de louanges et même de gloire.

Mais celui qui reste fidèle à la justice et qui protége le faible ne doit compter que sur la ruine, l'outrage, la haine, l'oubli ; car les pauvres n'ont rien à donner, pas même cette fumée qu'on appelle la gloire.

On mesurera toujours, dans chaque nation, la vitalité d'une classe par l'énergie et l'obstination qu'elle aura montrées pour défendre la nationalité contre l'invasion étrangère. Cette règle est aussi sûre qu'aucune des lois de la physique.

De nos jours, une occasion s'est offerte de montrer ce que les partis rétrogrades contiennent encore d'énergie nationale. Quand ils se déchaînent contre ceux qui voulaient résister à outrance à l'ennemi, disputer à outrance le sol de la patrie, comment ne voient-ils pas qu'ils se portent eux-mêmes le plus grand coup?

En répétant à tout propos qu'après la première défaite il fallait que la France courbât la tête, rendît ses armes, et se mît à la discrétion de l'ennemi, ne sentent-ils pas qu'ils rompent avec la patrie française? Quel peuple a jamais tenu un langage semblable ?

Ce qui a maintenu l'aristocratie anglaise, c'est qu'elle a fait tout le contraire; elle a pris la tête de colonne dans la grande guerre contre la France de 1792 à 1815; elle a voulu la *guerre à outrance* pour la grandeur de la vieille Angleterre. C'est pour cela que l'aristocratie anglaise vit encore.

De petits changements en des choses imperceptibles marquent quelquefois un grand déclin. En voici un exemple.

Dans l'ancien régime et même encore sous la Restauration, on n'affichait pas les titres de noblesse en toute circonstance. Sous le grand roi, on disait : Madame de Sévigné, monsieur de Luxembourg, monsieur de Louvois, monsieur de Turenne, et cela disait tout. Aujourd'hui un homme ne marche guère séparé de son titre, non plus que de son ombre. Il croirait l'avoir perdu pour toujours, s'il l'oubliait un moment à la porte et même dans le déshabillé. De quel côté sont la dignité, l'assurance et le bon goût ? Exhiber en toute occasion son parchemin, prenez-y garde, c'est avoir l'air d'en douter.

Lorsque la noblesse s'allie à l'aristocratie d'argent contre le peuple, qu'arrive-t-il ? La noblesse se laisse décomposer par l'esprit de parvenu. Elle perd ce qui est le caractère de l'aristocratie de race, au dehors la hauteur inflexible devant l'étranger, au dedans la passion de n'avoir pas de maître. D'un autre côté, le parvenu, séparé du peuple, qui est sa racine, ne peut plus concevoir aucune grandeur populaire. Ainsi les hautes classes deviennent non-seulement incapables de grandeur, mais incapables de concevoir celle du peuple. Reste l'esprit de coterie.

L'aristocratie anglaise a compris la grandeur morale du héros du peuple, Garibaldi. Cela a été absolument impossible chez nous, soit à la noblesse, soit à la ploutocratie. L'avenir ne voudra pas croire de quelle haine elles ont payé ses services.

Il ne faut pas s'imaginer cependant qu'une nation périsse parce que les classes dites supérieures s'affaissent ou perdent leur raison d'être. Les nations qui comptent dans le monde ont toutes changé plusieurs fois de tête. Si la cime se dessèche, la sève se concentre dans le reste de l'arbre.

Tout ce que nous voyons de nos jours semble être la crise par laquelle les classes supérieures en déclin sont remplacées par les classes qui ont conservé la vie. C'est ainsi que l'aristocratie romaine fit place aux plébéiens, qui eux-mêmes devinrent la tête nouvelle de l'État. Nous avons vu l'ancien patriciat de Berne, en qui Niebuhr retrouvait l'analogue du patriciat romain, s'atrophier et faire place à la démocratie suisse de nos jours. De même en France, la noblesse a été remplacée par l'aristocratie d'argent. A mesure que l'instinct de la nationalité a diminué dans ces classes, d'autres ont surgi. En ce moment, la vie nationale se recueille dans la démocratie nouvelle.

N'allez pas glisser sur la pente des républiques italiennes du moyen âge. Dans ces États, la grosse bourgeoisie finit par s'allier à un reste de noblesse pour annuler le peuple. Elle extirpa les classes inférieures, puis les *petits métiers*, par les proscriptions, les déportations, les supplices. Ce fut l'appauvrissement de la population italienne et le chemin ouvert à l'étranger.

Mais ce procédé d'extirpation, qui réussit à merveille dans de petites républiques, est-il possible de notre temps? En Italie, le parti conservateur proscrivait tout le parti démocratique en masse. Est-il possible, en France, d'user de ce moyen, quand il s'agirait de déporter huit ou dix millions d'hommes? Peut-on *rafraîchir la terreur* tous les cinq ans, comme cela se pratiquait à Florence au nom des modérés? Difficilement.

Où la bourgeoisie rétrogade irait-elle par ce chemin? Déjà elle s'arrête, elle se retourne comme la femme de Loth. La voilà à demi changée en statue, non de sel, mais de pierre.

Un groupe, une coterie s'isole du mouvement national. Ces hommes auraient pu avoir l'ambition de prendre la tête du mouvement, de présider à la renaissance. Ils aiment mieux s'enterrer je ne sais où; ils jettent l'excommunication sur quiconque s'obstine encore à vivre, à penser, à être de son siècle. On est confondu de voir des chefs du monde conservateur mis eux-mêmes à l'interdit par ce que l'on appelle si plaisamment dans les provinces la société, curieux mélange de moines et de parvenus : « Je suis mis à l'index par la société, » me disait un ancien ministre orléaniste. Il n'avait pu descendre à l'idéal parfait d'inertie, de stagnation, qui possède la société.

Quel amour du faux, du tortueux, du ténébreux ! Ne vous en étonnez pas. Après vingt ans d'esclavage glorifié, toute lumière offense la vue.

Certes il est beau de se jouer d'un grand peuple que l'on a désarmé au préalable, surtout s'il est sous les pieds de l'étranger.

Je comprends la joie et le ricanement de quelques bonnes âmes à étouffer l'esprit d'un peuple novateur. Cela doit chatouiller agréablement tous les vices du vieil homme.

Mais supposons qu'une servitude honnête et modérée vienne s'ajouter à l'invasion, est-il sûr que ce peuple garrotté, supplicié, ne puisse encore une fois se dégager et demander raison de son supplice ?

Il est plus difficile que vous ne le croyez d'extirper la vie et jusqu'au désir d'être quelque chose dans trente-huit millions d'hommes.

Le beau sujet de se rassurer et de dormir tranquille, qu'une si grande nation enfin éteinte et terrassée, à la merci de l'ennemi, sans vie, sans souffle, gisante comme un corps mort ! On ne craindrait plus les soubresauts d'Encelade ; on pourrait jouir sans penser, dormir sans rêver, thésauriser sans risques, s'amuser sans alarmes. Eh bien ! non. Il faudrait encore veiller et craindre. Rien de plus terrible que le réveil des peuples mal ensevelis et à la hâte.

XLIX

LES NATIONALITÉS.

Les races latines se sentaient sombrer; elles ont jeté un peu de leur vieux lest à la mer; elles surnagent.

Il n'y a plus rien à dire sur le clergé catholique ultramontain. La discussion est close. Qu'ai-je besoin de parler, quand il prend à tâche de confirmer tout ce que j'ai avancé ? Une si merveilleuse persistance à jeter la France dans le gouffre dispense de tout discours. Voyez et concluez.

Dans la ruine publique, qu'a demandé l'Église ? La guerre. Et contre qui ? Contre la nationalité italienne.

Il s'agissait de refaire l'expédition romaine de 1849, de fouler aux pieds un peuple, le peuple italien, qui a osé renaître. Du fond de notre abîme, il s'agissait de refouler dans le sépulcre nos frères de race latine. Et pourquoi? Parce qu'ils viennent de se faire une patrie malgré le pape.

Voilà le but que l'Église nous présentait, si nous l'avions écoutée. Vrai moyen de nous régénérer, que de tuer l'esprit moderne sitôt qu'il apparaît. Envoyons les débris de nos armées au Capitole, pour remettre l'Italie dans la main des cardinaux. Faisons une expédition théologique, recommençons le siége de Rome et Mentana. Remède évangélique que l'Église a trouvé à nos maux.

Poignardons l'Italie affranchie.

Non, je ne verrai pas une troisième fois cette monstruosité. La France sait maintenant que ce meurtre serait son propre suicide.

Il est rare après tout qu'une nation consente froidement à se tuer elle-même.

Les anciens Juifs l'ont fait, en liant leur sort à celui des pharisiens et des scribes; mais leur exemple a dégoûté le monde d'une immolation de ce genre. Si les peuples modernes périssent, ils veulent au moins que ce soit pour une idée vivante; ils ne veulent plus mourir pour une idée morte.

Que sont, en effet, les nationalités? Des forces vives qui s'ajoutent au système de l'Europe. La politique qui méconnaît ces forces quand elles naissent, qui s'en fait autant d'adversaires, quand elles grandissent, n'est-elle pas le contraire de la politique ?

L'Italie se formait; rien ne pouvait l'empêcher de naître dans un temps donné. C'est là ce qu'il fallait comprendre. Au lieu de cela, on a mis quarante ans à déclarer : L'Italie n'existe pas, elle ne peut naître. La sage politique veut que nous l'écrasions dans l'œuf.

Aujourd'hui encore on répète :

Admirez l'ingratitude de l'Italie; elle n'a vraiment aucune reconnaissance pour la haine inintelligente que nous lui avons montrée dans l'expédition romaine, ni pour la bienheureuse tuerie de Mentana, ni pour la peine que nous avons prise de l'empêcher de franchir le Mincio, d'entrer en Sicile, à Naples.

Mais, encore une fois, à qui la faute de cette ingratitude ? Vous avez méconnu, depuis le premier jour jusqu'au dernier, ce qui s'accomplissait inévitablement en Italie. Vous êtes tout près d'accuser ceux qui n'ont cessé de vous redire : « Il y a là une nation qui va entrer dans le cercle des peuples européens ; vous pouvez vous en faire une alliée, une amie. Ne la méprisez pas, ne l'insultez pas. »

Si l'on n'a pas compris l'Allemagne, on a moins encore compris l'Italie.

Croire que ce vaste mouvement d'émancipation nationale pouvait être empêché par une série d'expéditions romaines ; que cette politique anti-humaine, mesquine dans sa cruauté, était la sagesse même : voilà l'erreur d'esprit.

La sagesse, dont on parle tant, consiste à ne pas travailler pour l'impossible.

Vous avez voulu empêcher une nation de naître ; cela était hors de votre pouvoir. Vous vous êtes brouillés à la fois avec l'humanité et avec la politique.

A mesure que l'Italie renonçait à ses préjugés ultramontains, vous les avez adoptés ; et, comme ils avaient fait sa ruine, ils ont aussi fait la vôtre.

Malheur aux peuples qui se retranchent aujourd'hui dans la secte ; ils périssent. Ceux-là se relèvent, qui se mettent d'accord avec la société laïque vraiment universelle ; ils grandissent, parce qu'ils enfoncent leurs racines, non pas dans une coterie, mais dans le domaine du genre humain.

Sortez donc de cette étroite enceinte des peuples catholiques, au moins en ce qui concerne l'État. Vous seuls au monde, en ce moment, vous réduirez-vous, dans les affaires, au rôle de porte-clef du saint-siége ? Tous les autres y échappent.

L'Italie s'unit à l'Allemagne contre la papauté. Et vous, ne voulez-vous pas voir que la chute a commencé pour la France, depuis qu'elle parle, pense, agit, non plus comme l'organe de la civilisation moderne, mais seulement au nom des nations catholiques ? De ce jour-là, elle a cessé d'être à la tête des peuples pour se mettre à l'arrière-garde du monde civilisé.

Depuis que nous parlons tant *des dogmes ultramontains qui s'imposent à la presque unanimité des Français*, il est arrivé, je ne sais comment, que cette *presque unanimité* est dans l'abîme.

Plus vous entrez dans le catholicisme, plus vous vous enfoncez.

Ne liez plus le vivant au mort.

Vous avez abandonné le terrain que vous avait fait la révolution française.

Rentrez-y; redevenez la France. Ce mot suffit. Là est le salut, non ailleurs.

Le plus grand malheur de la France est d'être condamnée à discuter, à prouver ce qui est démontré pour le reste du monde.

Voyez la question du pouvoir temporel. Elle revient à ceci : notre liberté de conscience exige que les populations de l'Italie centrale soient asservies à un maître absolu, au pape ; qu'elles restent éternellement à ses pieds sans aucun des droits dont nous jouissons. Nous aurions horreur pour nous d'une telle servitude ; mais elle fait partie de notre croyance, elle est nécessaire à notre foi en ce qui touche les peuples italiens, d'Ostie à Ancône.

S'ils sont libres, notre conscience religieuse est offensée; ils sont le mobilier de notre culte, l'escabeau du saint-siége. Si ces gens-là deviennent des hommes tels que nous, libres comme nous ; s'ils se redressent sur leurs pieds et adoptent nos lois, c'est une atteinte à notre dogme. Nous ne pouvons la souffrir.

— Voilà, je vous l'avoue, une singulière croyance.

— Singulière ou non, peu importe ; c'est la nôtre.

— Mais enfin...

— Oui, notre foi exige que certains peuples soient rayés du nombre des peuples libres. Ils nous appartiennent comme les chanteurs que vous savez appartenaient à la chapelle Sixtine. Leur liberté, leur dignité serait un scandale pour nous. Puisque telle est notre croyance, vous devez la respecter ; car au moins vous ne nierez pas que toute croyance est respectable.

— Quoi ! je suis obligé de respecter toute croyance, utile ou nuisible, vraie ou fausse, bonne ou malfaisante, sans jamais la combattre ?

— Oui, c'est encore là un des points décidés que nous avons gagnés. Il est entré dans la conscience publique ; ne tentez pas de l'en arracher.

—Ainsi vous êtes arrivés à ce progrès : il suffit qu'une iniquité, une servitude, une monstruosité s'appelle croyance, je suis obligé, en mon âme et conscience, de la vénérer ?

— Au moins de la respecter.

— Sans la discuter même ?

— Bien entendu !

— A ce titre-là, le champ de l'absurde doit m'être sacré ?

— Oui, encore un coup, s'il est matière de foi.

— Bien. Que les Mexicains brûlent des victimes humaines dans des paniers d'osier; que les Africains de la côte occidentale bâtissent des temples aux serpents; que l'esprit humain soit mis à la merci d'un aveugle : tout cela doit être pour moi respectable, vénérable? Il ne m'est pas permis d'y toucher?

— Non, vous dis-je, à moins de passer, aux yeux des gens sensés, pour un renverseur, un émeutier, un incendiaire, et, pour tout dire, un radical.

— Je vous remercie de m'avertir, j'allais m'émanciper.

— Il est trop tard.

Les plus mauvaises actions de notre temps ont été commises ou consacrées au nom de la Providence. Et vous vous étonnez des représailles de l'athéisme! Écoutez donc là-dessus l'homme le plus religieux, le plus croyant de nos jours, Mickiewicz. Il disait : « Quand un homme commence à me parler de Dieu, « mon premier mouvement est de penser qu'il veut « me tromper. »

Ce qu'il y a de plus terrible pour une nation qui veut renaître, le voici : c'est lorsque sa religion s'arme contre elle, lui barre le chemin, la refoule dans la mort. Que faire? Que devenir? L'instinct du salut lui dit : Marche, avance. La religion lui crie : Recule, abîme-toi. Entre ces deux voix, qui décidera? Vous espérez transiger. Fausse espérance! Il faut vivre ou mourir.

L

RACES GERMANIQUES ET LATINES.

Toute victoire durable a servi à la fusion des races humaines. La domination grecque a marié ensemble le génie hellénique et le génie oriental. La domination romaine a uni l'esprit latin et l'esprit hellénique. Voilà le signe des victoires qui marquent une ère nouvelle dans le monde. Mesurez à ce signe la victoire des Allemands et dites ce qu'elle renferme.

Elle a pris pour base non pas l'association de deux races humaines, mais l'extirpation de l'une d'elles. Les Allemands se vantent d'extirper la race latine. C'est tout le contraire de l'esprit qui a produit les grandes époques ; c'est l'opposé du génie civilisateur d'Alexandre, de César, de tous ceux qui ont laissé une mémoire éclatante parmi les hommes.

Les Allemands veulent, disent-ils, annuler la race latine au profit de la race teutonique. Par là ils montrent combien leur pensée est étroite. Ils se séparent de tout ce qui s'est fait de grand dans l'histoire. Quelle belle occasion ils ont perdue d'ouvrir une époque nouvelle! Prétendre annuler toutes les races humaines et n'en laisser subsister qu'une seule, œuvre sans base. C'est asseoir la grande pyramide sur la pointe!

Pourquoi la puissance des Arabes a-t-elle été si éphémère? Parce qu'ils n'ont pas su concilier le vainqueur et le vaincu? Leur victoire n'a duré qu'un jour. De même pour les Allemands. A force de teutomanie, de haine, d'égoïsme de race, ils perdent la partie. Ils ne pensent qu'aux Allemands, ils excluent le reste des peuples. Victoire barbare; la civilisation n'est pas là. Le genre humain n'entend pas être exclu de la victoire.

Voilà le défaut de la cuirasse du grand empire allemand. Il se vante trop de son étroitesse; il tire trop de gloire de son aversion séculaire pour tout ce qui n'est pas lui. Il montre une trop petite âme pour remplir un si vaste horizon.

Soyez certain que ce n'est pas ainsi que se forment les grands États destinés à devenir la tête du genre humain.

Ce n'est pas tout de répéter que l'on tient toutes les nations pour rien. Les satrapes d'Asie ont dit la même chose. Où sont-ils?

Annuler le génie français, œuvre de vandale, non de conquérant civilisateur. Extirper un des grands éléments de la nature humaine, cela n'est donné à personne, pas même aux Huns, aux Mongols ou aux Teutons.

Haine! disent les Allemands à la race latine! haine à la race grecque! haine à la race slave! Mais qui jamais a gouverné le monde seulement par la haine et l'envie?

Ils ont imaginé que les Grecs ne sont pas des Grecs; et ils remercient le ciel de l'extirpation de la race hellénique, qui ouvre la porte toute grande à la race tudesque.

Ainsi, abolition de tout ce qui n'est pas teuton, voilà à quoi aboutit la Babel germanique.

Si un peuple devait régner aujourd'hui, ce ne serait pas celui qui se vanterait comme l'Allemagne de les annuler tous; ce serait celui qui aurait les bras assez grands pour les réunir tous dans une humanité plus haute.

La supériorité de la France, avant son démembrement, tenait à ce qu'elle rassemblait dans son sein plusieurs races d'hommes différentes, gauloise, latine, ibère, germanique.

C'étaient là autant d'esprits qui se complétaient l'un l'autre, et dans lesquels se retrempaient perpétuellement la vitalité et le génie de la France.

Quand on a enlevé à la nation française l'Alsace et

la Lorraine allemande, on ne lui a pas ôté seulement des places fortes, des murailles, des champs et même des hommes. On lui a arraché un esprit, celui de la race germanique, en sorte que la France pourrait dire : Une vertu est sortie de moi.

C'est là ce qu'il ne faut pas souffrir. Et le moyen de l'empêcher? direz-vous.

Le moyen, vous l'avez deviné. Le voici : il faut donner rendez-vous à l'esprit de la Lorraine germanique et de l'Alsace dans les provinces qui nous restent les plus voisines de Strasbourg et de Metz.

Faites de Nancy un autre Metz, un autre Strasbourg au point de vue intellectuel et moral.

Vous le pouvez en attirant les générations nouvelles d'Alsace dans un grand centre d'enseignement scientifique, que nous fonderons sur notre nouvelle frontière.

Là accourront tous ceux qui représentent l'alliance de l'esprit germanique et de l'esprit français, telle que nos provinces limitrophes la personnifiaient.

Vous avez perdu des territoires ; mais vous sauverez le génie traditionnel des populations qui nous ont été enlevées. Un jour viendra où ce génie maintenu, ces traditions conservées nous restitueront les provinces perdues.

En un mot, gardez quelque part l'esprit de l'Alsace, donnez-lui une place parmi vous; cet esprit vous rendra l'Alsace géographique et matérielle.

LI

CONCLUSION.

MOTIFS D'ESPÉRER.

Cet ouvrage, commencé en des jours cruels, où l'espérance était un défi à la réalité, s'achève sous un rayon qui se répand sur la France.

J'ai tenté ici de montrer l'enchaînement des idées principales qui sont les douze Tables de la loi de la démocratie nouvelle.

La difficulté n'est pas d'accumuler des textes de loi; l'important est de montrer quel esprit doit être contenu dans ces textes.

Ne laissons pas à d'autres générations le soin de nous sauver. C'est nous qui avons souffert des maux amassés sur nos têtes ; c'est nous qui devons nous guérir.

Si nous nous remettions à une postérité proche ou lointaine du soin de corriger le mal, elle pourrait nous imiter à son tour et remettre aussi à d'autres le travail de la régénération publique. Le salut s'éloignant ainsi d'âge en âge, nous ne nous léguerions les uns aux autres qu'une patience qui ne serait que le consentement à la décadence dans le présent et l'avenir.

Ne remettons pas au lendemain ; c'est aujourd'hui, c'est à cette heure que doit commencer pour nous la nouvelle vie nationale ; et déjà, en effet, elle commence. Le même temps aura vu l'excès de la ruine et le principe de la renaissance.

Jusqu'ici la France avait rencontré un problème qu'il lui avait été impossible de résoudre : la République étant établie, si l'assemblée souveraine a la volonté de la détruire, que peuvent faire les républicains pour la sauver par des moyens légaux ?

Cette question était restée sans réponse toutes les fois qu'elle avait été posée, avant le 18 brumaire comme avant le 2 décembre.

Aujourd'hui la solution cherchée vainement avant nous commence à s'entrevoir, et à chaque moment elle devient plus évidente.

Nous voyons une assemblée souveraine contraire dans sa majorité à la République, et retenue par l'opinion sur la pente de l'usurpation. Cette assemblée monarchique se trouve maîtrisée dans ses projets, vaincue sans combat par la nation qui s'élève autour d'elle comme un rempart pour la défense du droit nouveau. D'ailleurs, pour réussir dans un grand coup de main, il faut un victorieux qui éblouisse le peuple. Ces conditions d'usurpation n'ont été remplies par personne. Serait-ce donc notre ruine qui nous conserve en nous préservant des piéges de la gloire ?

J'aime mieux penser que l'école de tant d'adversités n'a pas été perdue pour nous, que les enseignements répétés depuis près d'un siècle ont enfin pris racine dans les esprits.

Cette grande nation doit vivre. Elle vivra, et elle ne peut exister en dehors des principes de justice qui se résument pour le monde nouveau dans ce mot : République.

J'ai vu déjà la liberté naître, vivre, mourir, renaître, pour mourir et renaître encore ; mais je ne lui ai jamais vu tant de chances de sortir de ces alternatives de triomphe et d'anéantissement, pour s'établir enfin sur un rocher où le flot ne viendra plus l'emporter aux abîmes.

Oui, si l'espérance a jamais été raisonnable, c'est au moment où j'achève ces lignes ; car tous les coups portés à la République l'ont fortifiée et sont retombés sur ses adversaires.

Plus ils l'ont attaquée, plus ils se sont affaiblis. Est-il un signe plus certain qu'elle a pour elle la force des choses ?

Je ne voudrais pas même, à cette heure, désespérer

de voir ses ennemis se transformer avec le temps e participer de l'esprit nouveau. Les rochers mêmes se transforment sous l'action continue d'un feu intérieur.

Il est certain que le catholicisme, en restant immuable, sera toujours l'obstacle au progrès et à la vie; mais, à mesure que le sentiment de ce danger deviendra plus général, il usera la borne qui nous arrête.

D'autres siècles, plus hardis, pourront déplacer le dieu Terme.

Dans un siècle d'argent tel que le nôtre, c'est un grand signe que cette richesse inépuisable de la France, qu'aucune rançon n'a pu tarir. Ce crédit, aussi grand que sa ruine, que signifie-t-il, si ce n'est que le monde entier croit à l'avenir de la France et qu'il l'identifie avec le genre humain lui-même ?

Le monde aspire à l'ordre. Mais cet ordre souverain, c'est l'accord des esprits avec la nécessité. Le monde, qui n'est pas troublé par nos passions, voit mieux que nous peut-être l'enchaînement de nos destinées.

Il reconnaît que tant d'efforts pour fonder l'ordre nouveau servent ses propres intérêts. Cette République, niée chez nous par quelques-uns, il l'accepte comme la conséquence irrésistible de tous les événements précédents.

Sans doute, des épreuves que nous ne connaissons pas encore pourront se dresser devant nous. Mais déjà nous apercevons le port, et voyez à quel péril nous avons échappé.

De toutes parts, à l'étranger, on nous disait en parlant de l'auteur du 2 décembre : Voilà votre Auguste, soyez heureux.

Mais, si c'était là notre Auguste, quels devaient être nos Tibère, nos Caligula, nos Néron, nos Domitien, nos Commode et nos Héliogabale ? Effroyable perspective qui s'ouvrait devant nous. C'est à cette série de monstres que nous avons échappé.

Être ramenés en une nuit à l'atmosphère des temps césariens, voilà le supplice auquel la France avait été condamnée.

Maintenant nous sommes sortis de ces nécropoles. Nous quittons la région des choses monstrueuses ; nous reprenons possession de la vie humaine, telle qu'elle se produit chez les hommes de notre temps.

Pour nous aider à sortir de ce désert de l'égarement, nous avons ce qui manque à beaucoup d'autres, un flambeau nouvellement rallumé, un système de vérités compris sous le nom de République, et que l'avenir aura à développer.

Pour moi, une pensée m'a toujours soutenu ; je voudrais la communiquer à ceux qui m'ont suivi jusqu'ici. Celui qui replacera sous ses yeux le long passé de la France, sa lente préparation d'âge en âge, son enfance prolongée sous l'ancien régime, son émancipation récente, son âge viril, qui ne date que d'hier, avec la conscience d'elle-même, apparue seulement en 89, celui-là ne pourra croire qu'une destinée aussi laborieusement préparée ait pu être tranchée en un jour à Sedan ou à Metz.

Les peuples qui ont une lente croissance ont une longue durée, tels que les êtres organisés, dont la vie est d'autant plus longue qu'ils ont été lents à se former et à grandir.

Il est donc certain qu'à juger par son existence passée, la France, comme nation, a devant elle un immense avenir. Lente à atteindre son âge mûr, cet âge se prolongera pour elle à proportion de la durée de son enfance et de son adolescence. Et de quoi peut être rempli cet âge mûr, si ce n'est de l'esprit qui atteste que la nation a acquis la pleine conscience d'elle-même, je veux dire la liberté républicaine ?

Est-il vrai, en effet, que le peuple de France soit vieux, comme quelques-uns le prétendent?

Dites plutôt qu'il vient de naître.

Pensez-y. Pour être vieux, il faut avoir vécu. Chez nul être la caducité ne touche à l'enfance. Or, dites-le-moi, quand, à quel moment ont-elles vécu d'une vie réelle, les masses populaires qui forment le gros de la nation? Quand ont-elles eu la conscience d'elles-mêmes ? Etait-ce sous le servage, dans le moyen âge et sous l'ancien régime ? Etait-ce lorsqu'elles faisaient partie de la glèbe ?

Mais, dites-vous, ces masses étaient tenues en tutelle.

A la bonne heure. Vous achevez ma pensée ; car on ne laisse en tutelle que les enfants et les adolescents. Depuis quand les peuples qui forment la France ont-ils été émancipés ? depuis quand ont-ils pris la robe virile ? Depuis hier à peine. Reconnaissez donc que, loin de toucher à la vieillesse, ils sont nouvellement sortis de l'enfance ou de l'adolescence ; et c'est pour cela sans doute qu'ils sont si aisément trompés par ceux qui les ont précédés dans la vie.

Ainsi les masses du peuple sont jeunes et elles portent en elles l'avenir qui appartient à la jeunesse. Si nous pouvions détacher nos yeux du spectacle de nos luttes actuelles contre les choses mortes, nous verrions se dérouler devant nous la suite des générations qui sont renfermées dans l'heure présente; ces France futures, nées les unes des autres, nous apparaîtraient comme la succession indéfiniment réalisée des idées de justice, de droit, de liberté, que nous ne possédons encore que dans leur germe.

Ne parlez plus des ressemblances de la France actuelle avec le monde byzantin. Oubliez-vous qu'avant Byzance il y a eu une longue époque de libertés républicaines qui ont composé l'âge mûr des peuples grecs ? Cette époque pour nous, où est-elle ? Nous ne faisons que l'entrevoir.

Il est des gens étranges. Ils veulent nous imposer

Byzance avant que nous ayons eu Athènes ; ou encore, ils veulent faire succéder parmi nous immédiatement au roi Tarquin les douze Césars sans l'intervalle de la liberté républicaine. Pensent-ils donc frauder les lois de la vie ? Nous laisserons-nous imposer la vieillesse avant que nous ayons eu notre âge mûr ? Cela ne se peut, à moins de tuer la France elle-même.

Que l'on ne nous épouvante plus de la décrépitude de la France, puisqu'elle n'a pas connu l'âge mûr ; cet âge ne fait que commencer pour elle. Les ennemis de la liberté moderne se condamnent à l'absurde, quand ils entreprennent de faire passer la France de l'enfance du moyen âge et de l'ancien régime à la vieillesse et à la caducité, sans qu'elle connaisse l'intervalle qui les sépare, je veux dire le temps de l'âge viril avec la pleine conscience de soi, dans le droit républicain.

Ainsi de longs siècles seront; il n'est pas possible d'en douter. Les vérités que nous avons mises en lumière, pour lesquelles nous avons dépensé notre vie, les rempliront de leur immortalité et prendront corps, d'âge en âge.

Ceux qui veulent empêcher la France d'entrer dans l'âge viril, ceux qui veulent la faire passer en un jour de l'adolescence à la décrépitude, savent-ils ce qu'ils font ? Ils travaillent à détruire leur patrie, leur nationalité même.

Pour nous, nous avons cet avantage certain qu'en sauvant la République, nous sauvons la nationalité française, puisque désormais liberté est inséparable de patrie.

Oui, la République n'a qu'à se laisser vivre pour s'accroître et grandir ; ses adversaires, pour la renverser, ont besoin de piéges, de perfidies, de coups de main. Car, c'est la marque des choses surannées ou mortes, que pour se maintenir, elles ont besoin de tromper le monde et de faire la nuit autour d'elles. Au contraire, les choses vivantes ont besoin pour grandir de la lumière du jour. La mort est menteuse, la vie seule est sincère.

FIN

APPENDICE.

BORDEAUX ET VERSAILLES.

MANIFESTES ET DISCOURS.

APPENDICE.

BORDEAUX ET VERSAILLES.

MANIFESTES ET DISCOURS.

I

AUX ÉLECTEURS.

11 juin 1871.

Mes chers concitoyens,

Écoutez une voix qui ne vous a jamais trompés. Depuis quarante ans, je dis, je répète que la République est le seul gouvernement qui vous soit apporté par la force des choses, le seul qui puisse guérir les maux déjà anciens de la France, le seul qui renaisse de lui-même sitôt qu'il est renversé, le seul qui soit dans les nécessités du temps présent.

L'événement a prouvé que les autres ne sont que des spectres et les représailles d'un passé condamné sept fois en moins d'un siècle, avec l'ancien régime, avec Napoléon, Charles X, Louis-Philippe, Louis Bonaparte.

Ce gouvernement républicain, fruit de la nécessité, œuvre de la raison publique, est venu à son heure, comme je l'avais espéré. Ne le renversez pas, ce serait vous renverser vous-mêmes.

Sous le régime du 2 Décembre, on vous disait : Nous voulons la liberté ; selon nous, le vrai moyen de l'établir sérieusement, c'est de bannir, d'exclure, d'annihiler, d'extirper tous les hommes de liberté. Quand il n'en restera plus un seul et que les hommes du despotisme seront maîtres de tout, alors et seulement alors vous jouirez de la vraie et sage liberté, telle que nous voulons vous la donner.

Aujourd'hui il arrive quelque chose de semblable.

On vous dit : Pour établir la République, commencez par exclure de vos votes, de vos conseils et de toutes les fonctions tous les amis de la République. N'en laissez pas subsister un seul dans l'Assemblée nationale. Faites représenter la République, dans son propre intérêt, par ses ennemis déclarés. Donnez à ceux-ci tous les emplois, tous les honneurs, tous les pouvoirs de l'État, préfectures, magistratures, ambassades, commandements. Et que ce qui se passe dans les régions supérieures se passe aussi dans les régions inférieures, jusque dans les plus petits emplois. Quand il ne restera plus un seul partisan de la République dans le gouvernement, dans les emplois, dans la représentation nationale, alors et seulement alors vous aurez la République, la vraie République, telle que nous l'avons toujours rêvée dans le temps où nous ne songions qu'à l'extirper en germe.

Voilà, mes chers concitoyens, ce qui vous est répété par des milliers de bouches, comme si l'on avait juré de vous ôter du même coup la raison et la liberté.

Et l'on ajoute : Nous ne trahirons pas la République, mais nous ne ferons rien contre la monarchie. Comme s'il était possible de servir l'une sans desservir l'autre, d'affermir la première sans ébranler la seconde ! Comme si l'on pouvait à la fois représenter le *oui* et le *non*, le pour et le contre, et agir sur le présent sans agir sur l'avenir.

Ah ! mes chers concitoyens, au nom de ce que vous avez de plus cher, gardez-vous de ces subtilités où tout périt ; elles ne peuvent vous conduire qu'au néant.

Pour moi, je vous le redis avec la confiance d'un homme dont toutes les prévisions ont été confirmées : la République seule peut vous sauver encore, parce qu'elle seule porte en elle l'esprit de notre siècle. Si vous la voulez, ne croyez pas qu'il faille établir le contraire. Ne croyez pas que vous ferez la République avec ceux-là seuls qui ne veulent pas la République.

Ne croyez pas que ces contre-vérités, ces défis hardis au sens commun du genre humain, soient autre chose que l'esprit de ruine dans la politique et dans l'art de gouverner les hommes.

Ne pensez pas que la République, née d'elle-même par la force des choses, puisse être renversée à l'amiable. Elle ne peut être renversée que par une révolution. Voulez-vous une nouvelle révolution ?

Rejetez ces systèmes aveugles, d'après lesquels vous n'auriez pris une forme de gouvernement qu'à *l'essai*, comme s'il s'agissait d'un cheval ou d'un chien de chasse, ou d'une expérience sur les gaz ou sur les acides. Avec des idées si prodigieusement fausses, la France ne serait qu'au commencement de ses ruines.

Au milieu de l'écroulement de toutes choses, il n'y a qu'un seul terrain où nous puissions enfin nous arrêter et nous retrouver. Cet abri est la vérité. Soyons vrais, redevenons vrais avec nous-mêmes.

Nous avons tout perdu, nos armées, les deux provinces boulevards de la France, notre fortune, notre avoir. Ne livrons pas du même coup notre raison, notre intelligence, notre sens commun, notre conscience.

Encore une fois, si vous voulez la République, nommez les amis et non pas les ennemis de la République.

En faisant le contraire, en donnant à la République pour tête une monarchie, nous serions la dérision de nos propres adversaires.

Après tant de calamités, évitons la dernière de toutes :

Ne devenons pas la risée du monde.

II

AUX ÉLECTEURS.

13 juin 1871.

Chers concitoyens,

Le moment est venu où chaque Français doit affirmer ce qu'il veut, ce qu'il pense, ce qu'il croit. S'abstenir, dans les circonstances où nous sommes, c'est renoncer à la vie politique.

De quoi s'agit-il ? De nous refaire une France, de la régénérer. Or la régénération commencera par vous, par le vote que vous allez déposer dans l'urne. Voilà le principe de notre renaissance. Cette renaissance, elle est encore une fois dans vos mains.

La monarchie a relevé son drapeau. C'est l'occasion pour nous de relever le nôtre.

Ne vous laissez pas endormir jusqu'au jour où vous vous réveillerez brusquement dans la monarchie.

La monarchie ne peut que vous ramener au césarisme, et le césarisme à la décadence suprême, irrémédiable.

Pour y échapper, vous n'avez qu'une issue. Vous n'êtes séparés de l'abîme que par la République. Attachez-vous donc à ce dernier abri. Il n'y a au delà que la chute après la chute, dans le vide sans fond.

Vous êtes dans une de ces heures où un peuple a à choisir entre la vie et la mort. Toute illusion sur ce point vous perdrait sans espoir.

La mort, c'est le retour à un passé que tout a condamné chez nous, quelque nom qu'il ait pris : ancien régime, Napoléon, Charles X, Louis-Philippe, Louis Bonaparte. Ces régimes divers ne vous rappellent que des chutes et des ruines.

Assez de ruines! Reposons-nous enfin dans ce qui vit, dans ce qui est, dans l'esprit moderne : l'esprit moderne s'appelle Liberté! République!

Ne luttons pas contre la force des choses qui entraîne les choses mortes : dynasties, monarchies. Elles nous entraîneraient dans leurs tombeaux.

Faisons alliance avec les choses vivantes; elles guériront nos plaies, elles nous rendront l'espoir, elles nous communiqueront leur force. Elles rendront à notre France sa jeunesse immortelle.

III

AUX ÉLECTEURS.

20 décembre 1871.

Mes chers concitoyens,

Dans les circonstances de plus en plus graves qui pèsent sur nous, je vous dois de vous dire ma pensée telle que la confirment pour moi l'expérience et l'observation de chaque jour. Pour des hommes politiques, il n'est rien de pis que d'être dupe. Ouvrons les yeux, voyons notre situation. Il est encore temps de profiter des avertissements que nous donnent les hommes et les choses.

Que signifiait l'essai loyal de la République ? Nous le savons maintenant. Cela veut dire que l'on ne prétend pas emporter la place d'assaut, mais s'y introduire légalement, sans coup férir, par le premier souterrain que l'on trouvera ouvert. Par exemple, si l'occasion se présente de nommer un président de la République, on remuera loyalement ciel et terre pour choisir un prince, un chef de dynastie, c'est-à-dire un homme qui rende, par le fait, la République impossible..

Après lui viendront la cour, la famille royale, l'ancienne domesticité royale. La vie publique ne sera plus que contradiction, mensonge, et l'on vous dira d'une voix de sirène :

« Vous le voyez, mes chers concitoyens, l'essai loyal « a été fait; malheureusement il n'a pas réussi, et « cela, par la faute des républicains qui se sont obsti- « nés à vouloir la République. Revenons donc franche- « ment, loyalement à la monarchie, puisque déjà nous « avons le monarque, les courtisans, les solliciteurs, « le cortége immense des fonctionnaires. Il ne nous « manque que le nom : Vive le roi ! »

L'étonnant est que les hommes d'ordre, amoureux de jouissances, croient trouver la paix dans ces embûches. Quelle paix entendent-ils donc? Je vous le demande. Supposons la monarchie rétablie. Elle devra aussitôt étouffer la France républicaine. Or celle-ci s'est montrée si nombreuse, si puissante, que pour l'écraser il faudra de nouveau s'armer de la massue. Et ce ne sera pas seulement la République qu'il faudra extirper, ce sera la liberté.

Toute royauté, quelque nom qu'elle prenne, reviendra ainsi nécessairement au césarisme. L'idée d'anéantir, d'extirper honnêtement et modérément la démocratie est une idée folle. La première chose à laquelle la royauté devra renoncer pour toujours est la modération, puisqu'il s'agira d'extirper la masse du peuple.

Voilà donc l'ancienne guerre intestine rallumée, telle que nous l'avons vue. Dès le premier jour, le combat recommence. D'une part, la démocratie, trompée, abusée, toujours croissante après chaque défaite, indignée, impatiente de se venger; de l'autre, une monarchie artificielle, frauduleuse, née d'un faux jeu de hasard, toujours plus faible à mesure qu'elle reparaît, obligée par sa faiblesse même à vivre de terreur et d'oppression. Croit-on qu'entre ces deux puissances, la lutte serait longue? La monarchie menteuse glisserait bientôt de nouveau dans le sang.

Oui, dira-t-on; mais la démocratie se sera épuisée par son effort.

Quoi! est-ce là ce qui vous tente? Une succession indéfinie de révoltes comme en Chine, la démocratie et la monarchie se détruisant l'une l'autre, jusqu'à ce que la nation elle-même succombe sous les révolutions et les restaurations renaissantes l'une de l'autre?

Est-ce donc là la paix que vous cherchez? C'est l'anéantissement de la France. Une Pologne d'Occident aux pieds de l'Allemagne! Mais non, j'efface ces mots que la douleur m'a arrachés; ils ne seront jamais, grâce à Dieu, qu'un cri d'alarme.

Que de maux cependant ceux qui complotent la ruine de la République appellent sur eux et sur nous! Et cela pour rejeter ce qui est la force des choses, l'esprit de notre temps, la nécessité de notre époque, le salut de notre nation, ce qu'ils devraient appeler, eux qui se disent religieux, la volonté d'en haut.

Ainsi le vrai danger de la France est l'avénement d'un prince au gouvernement ou à la présidence de la République. Honnête, si cela est possible dans une situation si fausse, il ne serait que plus dangereux. Les meilleures qualités du monde n'empêcheraient pas le prince de traîner après lui sa principauté et la monarchie, c'est-à-dire les déchirements et la guerre civile dans un État républicain. On a vu des princes à la tête d'une république. Cela a toujours fini par le retour à la monarchie.

Après tant d'horreurs, épargnez-nous au moins cette honte : une France-République à tête de Monarchie.

De grâce, ne finissons pas en queue de chimère.

La France domine encore ses vainqueurs, parce qu'elle s'est élevée au-dessus d'eux, dans l'échelle politique, à une institution supérieure. Si elle en était précipitée ou si elle se jugeait indigne de rester libre, elle aurait le sentiment d'une chute après une chute. Ce ne serait pas la lassitude qui s'en suivrait, mais le dégoût d'elle-même. Or, que reste-t-il à faire dans le monde à une nation qui se méprise?

Il y a vingt ans, je vous disais : Le 2 Décembre approche, il rampe; il va se dérouler et vous étouffer. Peu de gens ont voulu me croire. Le serpent s'est éveillé. Il est venu. Vous savez ce qu'il a fait de la France et de vous.

Aujourd'hui je vous dis : La monarchie est là, servie par ceux qui devraient la combattre ; elle frappe à la porte, et toute monarchie ne peut plus être chez nous que despotisme et servitude. Si vous y retombez, vous descendrez au dernier rang de l'espèce humaine, bien au-dessous de l'Espagne et de l'Italie ; car celles-ci ont expulsé leurs envahisseurs, et vous êtes encore à la merci des vôtres.

Après avoir perdu l'indépendance devant l'étranger, perdre encore la liberté et la dignité au dedans ! Que nous resterait-il donc ? Ce que l'on a appelé, par tout pays et dans toutes les langues, la mort d'une race humaine.

Voilà, mes chers concitoyens, les pensées que me suggère la situation. Je devais vous les communiquer. Puissent-elles ne pas rester inutiles, comme autrefois mes avertissements avant le 2 Décembre !

IV

AUX ÉLECTEURS.

31 janvier 1872.

Mes chers concitoyens,

Dans ma précédente lettre, j'ai montré quelles seraient les suites du renversement de la République, en ce qui touche les libertés intérieures : servitude et dépérissement au dedans. Voyons aujourd'hui quelles seraient les conséquence pour le territoire même de la France. Je dis que les premiers résultats seraient un nouveau démembrement de notre pays.

Si quelque chose atteste une légèreté cruelle chez certains hommes, c'est d'imaginer qu'ils pourraient renverser la République, c'est-à-dire la constitution en fait de la France actuelle, sans que l'on ressentît aucun ébranlement dans les choses et dans les esprits. Se figurer que la France peut passer, en une nuit, de la République à la Monarchie, pendant le sommeil de la nation, et qu'un pareil changement n'en produira aucun dans la constitution matérielle de la France, c'est une frivolité qui rappelle celle des derniers hommes d'Etat de l'ancien régime.

Non, vous n'abattrez pas cet arbre sans que le sol ne tremble sous vos pieds.

Après nos désastres, une chose maintient la France dans l'estime du monde. Elle a arboré le droit nouveau vers lequel les peuples aspirent. La pensée de ce droit nouveau, inauguré par vous, voilà ce qui garde encore vos frontières, en l'absence de vos armées. Voilà ce qui marque encore la place de la France dans la géographie politique de l'Europe.

Pour qu'une nation conserve sa place au soleil, que faut-il ? Il est nécessaire qu'elle représente quelque chose aux yeux des hommes. Si le vide se fait chez elle, les autres en profitent pour lui prendre ses frontières et l'acculer jusqu'à ce qu'elle disparaisse.

On n'existe sur la terre qu'à la condition de personnifier un droit vivant. Ce droit pour vous, c'est la République. Otez-la, renversez-la ; vous faites de votre pays une table rase, un lieu vague sur lequel chacun peut prétendre un droit de premier occupant.

Où sont les places fortes qui marquaient et couvraient vos frontières ? Entre les mains de l'ennemi. Conservez donc au moins le drapeau qui dit encore au monde : Ici est la France.

Si vous le laissiez déchirer, c'est la France même que vous jetteriez au vent.

Mais, disent-ils, nous allons installer une monarchie de hasard, sans savoir laquelle. Nulle difficulté. Nous reviendrons à un passé quelconque. Nous remettrons sur pied ce qui a cessé de vivre. Nous referons une espèce d'ancien régime ; et les hommes de nos jours prendront bientôt goût à ce sépulcre blanchi. Cela suffira pour dépayser les générations actuelles.

A ces habiletés, je réponds : La France a déjà essayé plusieurs fois de pareils jeux avec la mort; toujours elle les a payés d'une partie de son territoire. Voyez et comptez.

Le renversement de la République au 18 Brumaire a eu pour dernier dénoûment deux invasions. Le retour au Droit divin et à la Religion d'Etat, en 1814 et 1815, a coûté à la France ses deux frontières du Rhin et des Alpes. Depuis ce jour, elle est demeurée ouverte à l'est. La République est tombée au 2 décembre ; et le Deux-Décembre a eu pour couronnement la perte des deux provinces de l'Alsace et de la Lorraine. Tant il est vrai que toutes les fois que la France est sortie du Droit moderne pour reculer dans le Droit ancien, une partie de son territoire lui a été retirée. Diminuée d'esprit, elle a été aussi diminuée géographiquement.

Tenez donc pour certain que si la France perdait

ou laissait perdre la République, on verrait encore se rétrécir ses frontières.

Ne croyez pas que l'ambition de la Prusse soit rassasiée pour avoir dévoré l'Alsace et la Lorraine. Oh ! que vous la connaîtriez mal ! Ses prétentions ne font que croître à mesure qu'elles sont satisfaites.

Les Barbares, quand ils eurent goûté les figues du Midi, n'eurent plus de repos qu'ils n'eussent conquis les terres où croît le figuier. Prenez garde à ces autres Barbares qui ont goûté vos vins de Champagne et des côtes de la Saône.

Ils n'attendent que l'occasion de s'emparer des terres où croît la vigne de France.

Je demandais, en 1841, à des politiques allemands, quels étaient leurs projets. Revenir, me disaient-ils, au traité de Verdun, d'après lequel la race allemande étendait son empire jusqu'à la Saône.

Ce projet semblait alors insensé ; il s'est réalisé aux trois quarts. Pour qu'il s'achève, il ne reste qu'à ôter à la France la barrière morale qui la défend encore. Cette barrière, je le répète, est la République, puisqu'elle a ces deux vertus qui n'appartiennent qu'à elle : premièrement d'exister, secondement de pouvoir, seule, réunir tous les Français en un même corps, malgré leurs différences d'esprit.

Un admirable élan vous pousse à payer promptement la rançon des six départements que l'ennemi retient pour gage. Mais que devient la rançon, si le droit national périt avec la République ? C'est un peuple vivant que vous voulez racheter, et non pas un cadavre de peuple dépossédé par une dynastie.

Supposez que la constitution de la France sous la République actuelle vienne à disparaître violemment ou subrepticement, par la conspiration des factions monarchiques, par l'aveuglement du gouvernement et par l'incurie de la nation, il se ferait un grand vide, comme après tout écroulement. La digue qui vous sépare de l'Allemagne se trouverait emportée. La race allemande pénétrerait et déborderait dans ce vide. Et par quel côté? Evidemment par celui qui touche aux territoires nouvellement arrachés de la France.

Si le Deux-Décembre 1851 vous a coûté l'Alsace et la Lorraine, un nouveau Deux-Décembre, orléaniste, légitimiste ou bonapartiste, vous coûterait la Champagne et la Franche-Comté. La rive gauche de la Saône redeviendrait entre les mains des Allemands *terre d'Empire.*

Et qui vous défendrait contre de pareilles horreurs ? Sont-ce, dites-moi, ces ombres de monarchies qui s'agitent autour de vous dans la nuit ? Trop heureuses d'être prises au sérieux, tout lambeau de France leur serait bon, pourvu qu'il leur restât un coin, une Ile-de-France, une borne pour s'asseoir sur un simulacre de trône.

Ne voyez-vous pas qu'une dynastie qui, à grands

renforts de fraudes et d'embûches, aurait poignardé la République, serait obligée de se tenir jour et nuit sur ses gardes contre les représailles de la justice et de la conscience nationale ? Ne sentez-vous pas qu'elle devrait tout concentrer sur son propre salut ? Les forces destinées à défendre la France ne serviraient plus qu'à défendre une monarchie usurpée et criminelle. Nos armées, n'ayant plus d'autre occupation que de la protéger au dedans, l'occasion serait belle pour nos ennemis de déplacer à leur gré les bornes de notre territoire.

Que pourrait faire une royauté obligée de porter jour et nuit les mains à sa couronne, pour s'assurer qu'elle ne lui a pas été enlevée par un coup de fortune ou par un châtiment ? Elle ne pourrait vivre que de complaisance envers l'ennemi, perdant pièce à pièce un lambeau de notre sol, et fermant les yeux sur ces déprédations pour acheter le repos, au moins de l'étranger.

Et, si cet étranger est avide, insatiable, il profitera de ce que nos bras, nos forces, nos armées ne seront plus occupés qu'à couvrir des fantômes de royauté.

Nous poursuivrons l'ombre, il s'attachera à la proie, c'est-à-dire à nos provinces. Nous nous consumerons à restaurer l'impossible en restaurant des royautés défuntes. Pour lui, il a déjà fait Paris et Lyon places frontières, il continuera ses étapes contre nous. Ne trouvant nulle part la France, et partout une ombre de monarchie, il accordera à celle-ci le bénéfice des ombres. Il passera à travers. Ainsi une royauté morte, replacée par le hasard ou le crime sur le trône, ne peut communiquer que la mort à la France.

Car il est manifeste que la monarchie ne ramène parmi vous que les vieilles idées dont le siècle ne veut plus ; et l'on a toujours vu que, si une nation se condamne à restaurer des choses mortes, ce combat contre la vie lui est funeste. Cette nation se rapetisse à vue d'œil. Ses extrémités dépérissent et s'atrophient. C'est-à-dire que ses frontières sont entamées et se détachent. Ses places fortes tombent. Il ne reste qu'un corps débile où le cœur cesse de battre.

A quoi peuvent aboutir des monarchies opposées de principe, d'esprit, d'origine, et qui n'aspirent qu'à se détruire ? A des ruines nouvelles, où la France chaque jour diminuée finit par s'effondrer. Dans cet écroulement, l'étranger n'a qu'à choisir la place où il lui plaira de venir s'asseoir.

N'est-il pas vrai, en effet, que ces royautés se nient et s'excluent mutuellement ? Que chacune renverse le principe des autres ? C'est donc sur un véritable néant qu'elles prétendent édifier la fortune de la France. Ne les voyons-nous pas, sous nos yeux, ces frères ennemis, se maudire, se déchirer, conspirer leur anéantissement, avant même qu'ils soient quelque chose ? Dans cette lutte, quel est le plus acharné ? Quel est celui qui montre le plus de haine, le plus de résolution à s'entre-détruire ? Est-ce le légitimisme, ou l'orléanisme, ou le bonapartisme ? Vous ne pourriez le dire.

Comment ! c'est avec de pareils tronçons de royautés inconciliables que l'on prétend refaire une nation ?

Voilà le remède à nos maux ! Avouez qu'il est étrange : une guerre implacable de frères ennemis, qui ne laisse place à aucun principe de régénération. On parle d'une maison de France. Mais ce n'est pas dans une maison divisée, écroulée, qu'une nation va chercher son refuge et sa demeure.

Au milieu de ces spectres de tous genres, ameutés l'un contre l'autre, une seule chose reste debout. Une seule chose a la réalité pour soi : c'est la République. Et quand cette réalité nous abrite seule encore, c'est contre elle que se tournent les colères de tous ceux qu'abandonne la vie politique, intellectuelle.

S'ils réussissaient dans cette conjuration de haine contre la lumière et la vie, n'en doutez pas : notre existence nationale elle-même disparaîtrait au profit de peuples plus résolus à défendre leur place au soleil des vivants. Ces peuples ne peuvent être que les peuples allemands.

Alors on se demanderait pourquoi la France, avec trente-six millions d'hommes, est prise de léthargie ; pourquoi sa population diminue ; pourquoi ses ports se dépeuplent, ses ateliers sont déserts ; pourquoi son commerce extérieur tarit, sa marine languit ; pourquoi son territoire se resserre et ses frontières lui échappent.

Il faudrait répondre : C'est que toutes les forces de l'État sont employées à refaire l'impossible, à couronner des revenants, à nier ce qui est, à affirmer ce qui n'est pas, à défier le siècle, à rejeter le présent et l'avenir. Dans ce travail, peuple et individus s'épuisent et dépérissent.

Concluez donc avec moi, mes chers concitoyens, qu'il ne s'agit plus seulement de libertés intérieures, mais de l'existence même de la nation, et que poignarder la République, c'est poignarder la France.

V

PROPOSITION D'UNE ADRESSE COLLECTIVE A LA FRANCE.

« Notre réunion a posé les premiers jalons de la politique que nous avons à suivre. Nous nous sommes entendus sans avoir eu besoin de discuter, c'est là un grand point. Cet accord si facile, si naturel, a fait naître en moi l'idée que je vais vous soumettre :

« La France, telle que je l'ai vue, attend une parole, tempérée, je le veux bien, mais résolue. Qui la prononcera, cette parole, si ce n'est vous ? Jamais, je crois, il ne fut plus nécessaire de vous mettre en communication intime avec la nation. Une déclaration, de votre part, porterait la lumière où tant d'esprits travaillent à faire les ténèbres.

« Que dirions-nous dans ce manifeste ? Ce que nous avons vu, reconnu, constaté partout, à savoir : que la

France ne demande qu'à travailler en entrant dans la République.

« Tel est le vœu général. J'en atteste ceux d'entre nous qui ont examiné de près, interrogé leur ville ou leur département.

« Qu'ai-je entendu dans toutes les bouches, chez les paysans, les ouvriers, les bourgeois et même les conservateurs : « La République seule peut nous sau-
« ver; hors la République, il n'y a que confusion et
« ruine. Sortons du provisoire, de l'ambiguïté, de
« l'équivoque. Posez enfin la pierre de fondation. »

« Ce cri, qui part des entrailles de la France, c'est à vous de le répéter. Puisque personne ne parle avec autorité le langage de la République, rompez le silence, faites entendre la voix de la France républicaine !

« J'entends quelquefois parler de la nécessité d'une régénération; mais quel peuple au monde s'est régénéré, s'il n'est parti d'une affirmation? On ne régénère pas un peuple avec l'équivoque, on le perd.

« Le principe de ce que nous aurions à dire serait une affirmation, qui jamais ne fut plus nécessaire qu'aujourd'hui; l'affirmation de la République, seule légalité qui nous sépare du gouffre.

« A ce principe, se rattacheraient les propositions que nous avons la volonté de soutenir.

« En face de la coalition des partis monarchiques, nous avertirions le pays de ce qu'il y a à craindre ou à espérer.

« Si ce manifeste devait être pour nous l'occasion de longues discussions sur le fond des choses, je n'insisterais pas. Mais nous nous entendons sur le fond comme sur les détails. Il s'agit de dire, de proclamer avec autorité ce que nous avons entendu de la bouche des populations. Répétons le mot de la France. C'est un fait; il vaudra mieux que toutes les théories (1). »

(1) Décembre 1871.

VI

L'ESPRIT DE COTERIE.

Dicours à l'Union républicaine.

8 août 1871.

Savez-vous quel esprit a poussé de loin à la ruine de la France? C'est l'esprit de coterie. Ce mauvais nain a été l'âme de tousles gouvernements précédents.

Sous la royauté orléaniste, on traçait à l'encre un petit cercle qui s'appelait le pays légal. Ce qui y était renfermé comptait seul pour quelque chose. Le reste, c'est-à-dire la France entière, était le désordre, la faction, un ramassis d'hommes dangereux, et pour tout résumer d'un mot, le parti républicain. Coterie doctrinaire.

Sous le second empire, que, Dieu merci, je n'ai jamais reconnu, un autre cercle est tracé, couleur de sang. Les *Bons*, c'étaient les hommes de Décembre; les proscripteurs étaient les sages, les hommes sensés, les soutiens de l'ordre.

Ceux qui ne consentaient pas à entrer dans cette camaraderie du meurtre, c'étaient les méchants, les ennemis de la société, les fléaux de la France. Malheur à eux! Coterie du coup d'État!

Ne faisons pas, à notre tour, de la République une coterie. C'est là un de nos dangers. Il n'y a rien de si persistant que ces esprits-nains qui se blottissent dans toute ruine; les gouvernements se les transmettent en se renversant.

La coterie sied bien à la Royauté et à l'Empire; elle tend volontiers ses toiles d'araignée dans le coin d'un palais. Mais une République qui ne serait qu'une coterie, je ne puis la concevoir.

Ne traçons donc pas à notre tour ce cercle fatal où se sont emprisonnés, pour y étouffer, les régimes qui nous ont précédés, tous semblables en ce point que l'intolérance, l'exclusion, l'interdit, en étaient l'âme et le principe.

Nous devons, je pense, obéir à un esprit tout opposé; esprit de tolérance et de largeur.

Ne répétons jamais ces mots funestes: Il y a un abîme entre nous! car si nous voyons partout des abîmes ouverts qui nous séparent les uns des autres, où asseoirons-nous la France?

L'avenir sera fait de concorde, non pas de haines

et d'excommunications. Les discussions n'y seront pas des anathèmes, on n'y jettera l'interdit sur personne.

Je voudrais que notre porte restât ouverte à cet avenir. On lirait sur le seuil : Ici peuvent entrer tous ceux qui veulent la République et croient à la justice.

VII

DISCOURS SUR LE TRAITÉ DE PAIX.

Bordeaux, 1er mars 1871.

M. Edgar Quinet. — Messieurs, ayant passé une partie de ma vie à suivre de près la politique de la Prusse et de l'Allemagne, je vous prie de m'accorder un moment d'attention ; je ne demande qu'un moment. (Parlez ! parlez !)

Ceux qui désirent le plus ardemment la paix ont, ce me semble, un devoir à remplir : ils se garderont bien de publier trop haut leurs intentions, car ils se mettraient ainsi à la merci du vainqueur. Toute négociation serait impossible si l'on admettait d'avance, sans examen, que la paix est le seul refuge de la France. La vérité, la raison, l'amour du pays, exigent le contraire. Mesurons ce que pourrait encore un grand peuple que l'ennemi prétendrait pousser au désespoir.

Je dis que les ressources de ce peuple sont encore immenses, et que plus d'une nation s'est relevée d'une situation pire que la nôtre.

Pour guérir les plaies de la France, une première condition est nécessaire : Il faut que la France sache qu'elle est rentrée dans la liberté et qu'elle ne peut plus en sortir ; il faut qu'elle sache qu'elle porte encore en elle l'avenir du monde sous l'égide de la République... (Mouvements en sens divers.)

M. Victor Hugo. — Je demande la parole !

M. Edgar Quinet. — Ses forces seront doublées.

Maintenant, voyons ce que veut l'ennemi.

Après ses dures paroles, ses dures conditions, je crains que sa pensée secrète ne soit plus dure encore.

Jusqu'ici, les conquérants se contentaient de mettre la main sur un territoire, de s'en emparer de force. Ils le gardaient s'ils le pouvaient. C'était le droit de la guerre. Aujourd'hui les prétentions de la Prusse sont toutes nouvelles. Après avoir saisi l'Alsace et la Lorraine, elle prétend faire voter, consacrer cette prise de possession par le suffrage universel. Ce qui n'est jusqu'ici qu'une déprédation deviendrait ainsi le droit consenti par les Français.

Ici se montre le secret, la pensée intime des puissances allemandes ; elles savent que tout ce qui n'est pas fondé sur les principes nouveaux inaugurés par la France est caduc. Elles veulent que la France se poignarde avec son suffrage universel. Faire servir une Assemblée nationale à démembrer la nation, voilà le dessein de l'ennemi.

Ainsi l'esprit féodal allemand se venge de nos libres institutions démocratiques en faisant d'elles l'instrument de notre ruine. C'est là la pensée de la Prusse : obliger la France de se mutiler elle-même ; faire de la France un peuple tributaire de cinq milliards, à la manière des peuples asservis de l'antiquité.

Voilà le droit nouveau allemand où se mêle la haine féodale à la haine de race. (Approbation à gauche.)

Mais, ces principes de mort, pouvons-nous y souscrire ? Où chercherais-je le droit de livrer des populations qui ne veulent pas être livrées ?

Vous le savez comme moi : une Assemblée ne peut pas faire tout ce qu'elle veut ; elle ne peut rien contre la force des choses. Or, s'il est une vérité consacrée, c'est que l'Alsace et la Lorraine font partie intégrante et nécessaire de la France.

Vous l'avez entendu dernièrement de la bouche de leurs représentants. Cette terre d'Alsace et de Lorraine crie : Je suis France ! Je veux rester France ! Il n'appartient qu'à la force de soutenir le contraire. (Approbation sur plusieurs bancs.)

Mais le droit n'a rien à faire ici pour consacrer la démence et les impiétés de la force. (Bravos sur divers bancs.)

Pour moi, je l'avoue, je ne me sens pas le droit de dire à des compatriotes, liés à nos destinées depuis des siècles : Vous êtes Français comme moi, je vous ai toujours connus Français ; et maintenant, aujourd'hui ou demain, vous aller cesser de l'être. Vous deviendrez Prussiens, Allemands, que sais-je, tout ce que l'on voudra ; cela est absurde ; pourtant cela sera en vertu de mon vote et de mon libre arbitre.

Eh bien, messieurs, ces paroles, je ne puis les prononcer ; personne ne m'a donné le droit de les prononcer, parce qu'elles contiennent en elles une iniquité et une impossibilité. (Approbation à gauche.)

Voilà pour le fond de la question. Venons maintenant aux prétextes.

Sur quoi se fonde l'Allemagne pour s'attribuer, dans le butin, l'Alsace et la Lorraine? C'est, dit-elle, que ces provinces lui sont nécessaires pour la couvrir contre une agression future de la France.

Or, ce prétexte se détruit lui-même à nos yeux. Il n'est pas vrai que dans la constitution actuelle de la France et de l'Europe, l'Alsace et la Lorraine soient des positions agressives contre l'Allemagne. Cela a été démontré avec une évidence funèbre dans cette dernière guerre : une armée française ne peut déboucher de Strasbourg sur l'autre côté du Rhin, sans avoir aussitôt derrière elle l'armée prussienne sur la Saar. Dès leurs premiers pas de l'autre côté du Rhin, les Français seraient plus loin de Paris que ne le seraient les Prussiens. Il est donc certain que l'Alsace et la Lorraine ne sont pas aujourd'hui des positions offensives contre l'Allemagne.

Mais la vérité, la voici : par les traités de 1814 et 1815, les puissances allemandes ont pris contre la France toutes leurs précautions ; elles ont ôté à la France tout ce qui pouvait lui être ôté sans la détruire.

Souvent nous entendons répéter : l'Alsace et la Lorraine sont des provinces intéressantes, mais songez à la France.

La question, messieurs, est ainsi mal posée ; ce n'est que la moitié de la vérité. Pour la rétablir dans son entier, il faut dire : L'Alsace et la Lorraine ne sont pas seulement deux provinces ; elles sont les deux boulevards de la France, elles en sont les deux remparts ; ôtez-les à la France, et elle est ouverte à l'ennemi. Que la Prusse possède ces remparts, et la Prusse peut s'étendre à son gré dans la France centrale ; elle peut déborder, sans trouver d'obstacles, jusqu'à la Marne. L'ennemi est maître chez nous ; il est à perpétuité sur le chemin de Paris, il tient la France à la gorge !

Est-ce là, je vous le demande, une paix ? Non, c'est la guerre à perpétuité sous le masque de la paix. Si c'est là ce que demande la Prusse, il est donc bien vrai qu'elle veut, non pas seulement notre déchéance, mais notre anéantissement.

Or, c'est là ce que je ne signerai jamais ! Si le présent est funeste, sauvons au moins le lendemain : nous ne le pouvons qu'en repoussant les préliminaires de paix qui détruisent à la fois le présent et l'avenir (1)! (Approbation sur plusieurs bancs à gauche.)

(1) Au moment de la signature du traité de paix, il y avait en France 800,000 hommes sous les drapeaux, 1,100 pièces de canon attelées ; dans un mois, cette artillerie devait être doublée.

VIII

PARIS PENDANT LE SIÉGE.

Bordeaux, mars 1871.

J'ai assisté au siége de Paris. Dans ces cinq mois à jamais mémorables, ce qui m'étonne, c'est le calme, la tranquillité d'âme, la sérénité de cette immense population au milieu de tant de dangers et de causes de troubles et d'émotions, combats et batailles, bombardement, famine, isolement du reste de la terre.

Un peuple si docile à la raison, si facile à gouverner, en des jours pareils, voilà ce qui fera éternellement l'admiration du monde. Car cela ne s'est pas vu encore, que je sache, à aucune époque de l'histoire. Paris a été grand, il a bien mérité de la France. C'est le sentiment unanime de l'Europe et de nos ennemis.

Vous proclameriez le contraire, si vous transportiez ailleurs qu'à Paris le siége de l'Assemblée.

Votre présence dans la capitale signifiera confiance.

Au contraire, en choisissant une autre ville pour y siéger, vous paraîtrez tenir Paris pour suspect et vouloir le punir.

Le punir! et de quoi? De son héroïsme? Tout le monde y applaudit. D'avoir fait la Révolution du 4 septembre? Vous-mêmes avez consacré cette Révolution en proclamant la déchéance de la dynastie renversée au 4 septembre.

De ce peu de mots, je conclus que notre place est à Paris.

Déjà la France est mutilée, démembrée, prenez garde que l'on dise de vous : Ils l'ont décapitée.

IX

PROJET DE CAHIERS DES RÉPUBLICAINS DE 1871. (UNION RÉPUBLICAINE.)

« Plus la situation est terrible, plus nous avons besoin de sang-froid. Ce qu'il nous faut, ce n'est pas une résolution prise dans un moment de passion et de douleur légitimes. C'est une idée politique, un terrain indiscutable, où nous puissions nous établir avec toutes les forces de l'évidence.

Quelle sera cette idée ? La voici, telle que l'expérience de tous les temps l'a démontrée et consacrée.

Dans les guerres civiles, la bataille ne termine rien. Après le sang versé, tout reste à faire pour le législateur. Le moyen véritable de mettre fin aux dissensions, de ramener la paix publique, a toujours été de faire un progrès dans le droit.

Ce qui a été vrai politiquement dans tous les temps l'est encore aujourd'hui.

Là est le terrain solide, où nous pouvons mettre d'accord ce que nous devons à nos électeurs, et ce que nous devons à une assemblée issue du suffrage universel.

Quand nous aurons établi quels sont les principes de justice, nous en ferons une suite de propositions à l'Assemblée, ou même nous examinerons s'il ne convient pas de les réunir dans une sorte de cahiers des républicains de 1871.

En vain nos propositions seraient rejetées, nous aurions donné une base légitime aux revendications de la justice et du droit.

Cela vaudra mieux que toutes les proclamations générales que nous pourrions faire pour les voir étouffées.

Nous aurons marqué le champ où nous pouvons lutter.

La masse des électeurs qui est attachée à des idées saines verra avec satisfaction qu'elles sont représentées loyalement quelque part.

L'espérance renaîtra chez ceux qui commencent à la perdre. Ils verront un phare et s'y rallieront. Ils nous approuveront de n'avoir pas désespéré de la liberté, et de rester à notre poste pour y remplir le mandat qu'ils nous ont donné : défendre leurs droits en défendant la République.

Un exemple expliquera notre pensée. Parmi les réclamations de notre temps, il en est une qui frappe d'abord par sa justesse : c'est la nécessité d'empêcher par la loi que la représentation des villes ne soit étouffée par celle des campagnes.

Une proposition dans ce sens est assurément une des conséquences de la situation actuelle.

Il s'agira d'appliquer le même esprit à tout ce qui nous paraîtra marqué du même caractère de justice.

Ainsi nous aurons un système de conduite qui nous permettra de faire face aux difficultés les plus grandes que jamais hommes politiques aient rencontrées, et nous apporterons aux dissensions civiles le seul remède efficace que l'expérience et la raison aient pu découvrir jusqu'ici. »

A la suite de cette délibération, M. Quinet, dans la séance du 12 avril, a déposé sur la tribune de l'Assemblée la proposition qu'ont signée, avec lui, MM. Tolain, Peyrat, Langlois, Tirard, Henri Brisson, Edmond Adam, Louis Blanc.

En voici le texte :

« Considérant que si les campagnes ont le droit d'être représentées, ce droit est égal pour les villes;

Que dans le système actuel ce droit peut être détruit, puisque les représentants des villes peuvent perdre cette qualité par l'effet du vote des compagnes;

Que les villes sont des personnes civiles, qui ont leur tradition, leur histoire, leur vie propre ; qu'à ce titre, elles ont un droit inaliénable à élire leur représentation, indépendamment du vote des campagnes ;

Qu'il est contraire à toute justice que des villes de cent à cent soixante-dix mille habitants, après avoir nommé leurs représentants, soient privées de leurs élus par un vote auquel elles sont étrangères;

Que cette infraction à la justice porte le coup le plus funeste non-seulement à la liberté, mais à la civilisation de la France;

Qu'un moyen puissant d'éviter les troubles civils est de concilier les villes et les campagnes en conciliant les droits des unes et des autres,

L'Assemblée nationale décrète :

Art. 1er. — Chaque ville de cinquante (1) mille habitants élit un député.

Art. 2. — Toute ville élira autant de députés en sus qu'elle aura de fois cinquante mille habitants. »

(1) Le chiffre de 35,000 avait été proposé, pour servir de base à la discussion. M. Quinet déclara plus tard accepter celui de 50,000.

X

DISCOURS SUR LA REPRÉSENTATION DES VILLES.

8 mai 1871.

M. LE PRÉSIDENT. —L'ordre du jour appelle la discussion sur la prise en considération de la proposition de MM. Quinet, Langlois et plusieurs autres de nos collègues, tendant à modifier la loi électorale.

Cette proposition est ainsi conçue :

« Art. 1er. Chaque ville de 35,000 (1) habitants aura un député.

« Art. 2. Toute ville élira autant de députés en sus qu'elle aura de fois 35,000 habitants. »

La commission d'initiative est d'avis de ne pas prendre cette proposition en considération.

(1) Ou plutôt de 50,000, comme on verra plus loin.

M. Quinet a la parole contre les conclusions de la commission.

M. Edgar Quinet. — La proposition tendant à modifier la loi électorale, que j'ai l'honneur de soumettre à l'Assemblée, d'accord avec plusieurs de nos collègues qui l'ont signée, n'est pas née dans les circonstances actuelles ; elle n'a pas été inspirée par ce moment.

J'en avais déjà conçu l'idée et je l'avais formulée bien avant qu'il ne fût question pour l'Assemblée de se rendre à Versailles.

Je suis profondément convaincu de la légitimité et de la justice sur lesquelles repose cette proposition de loi.

Cela me dispense de faire entrer aucune passion dans une question qui, selon moi, doit être traitée uniquement par des considérations tirées de la nature et des conditions du suffrage universel.

Depuis le premier jour où je suis entré dans cette Assemblée, messieurs, j'ai été frappé d'une chose : nous répétons tous que le suffrage universel est le fondement de notre existence politique, notre raison d'être ; cela est vrai. J'en conclus que rien n'est plus important, n'est plus urgent que d'examiner cette base de notre existence et de voir si nous ne pouvons pas introduire un progrès dans la constitution du suffrage universel tel qu'il est établi.

Une chose est certaine. L'ancien régime, en abolissant les franchises municipales, avait réussi à extirper toute influence des villes dans l'ordre politique. La Révolution française a fait peu de chose pour changer cette situation. Si l'on examine nos constitutions, depuis 1791 jusqu'aux chartes de 1814 et de 1830, on s'aperçoit qu'il a été fait peu d'efforts pour garantir aux villes un droit de représentation proportionné à leur importance. (Rumeurs diverses.)

M. Pagès-Duport. — Je demande la parole.

M. Edgar Quinet. — En 1848, les hommes politiques qui ont fondé chez nous le suffrage universel ont reçu cet héritage ; comme tous les pouvoirs précédents, ils ont absorbé les voix des villes dans les voix des campagnes. Par là, ils ont négligé d'organiser le suffrage universel, et c'est la tâche qu'ils nous ont laissée ; c'est la plus grande, selon moi, que nous ayons à accomplir.

Il ne suffit pas, en effet, de proclamer le suffrage universel pour qu'il devienne aujourd'hui un *fiat lux*, pour qu'il soit l'écho, la voix, l'expression rigoureusement exacte de la société. Si l'on veut que le suffrage universel soit tout ce qu'il peut être, il faut qu'il soit fait à l'image de la nation. D'où la nécessité de se rendre compte des éléments qui la composent.

Or, la société française n'est pas seulement une masse informe, une agglomération confuse, une multitude. Cette multitude, pour devenir un peuple, est arrivée, par le travail du temps, à sortir de la confusion. Elle a reçu de la main du temps certaines formes, des traits, une physionomie, un caractère, qui font la société française. Et parmi ces traits, il en est un qu'il est impossible de méconnaître : c'est la distinction des villes et des campagnes. (Réclamations sur plusieurs bancs.)

M. Richier. — Ce n'est pas de l'égalité, cela !

M. Edgar Quinet. — Si ces deux éléments font partie de la configuration politique de la nation française, s'ils l'ont marquée de leur empreinte, il faut qu'ils reparaissent dans la loi électorale pour qu'elle soit faite à l'image fidèle de la nation.

M. le marquis d'Andelarre. — Et les habitants des campagnes seront des parias !

M. Edgar Quinet. — Supposez un moment que toutes les villes de France soient rasées... (Exclamations) et qu'on ne laisse subsister que les hameaux, pourrons-nous dire : Voilà la France industrielle et politique telle que la civilisation l'a faite ?

M. Thiers, *chef du pouvoir exécutif*. — Et si les campagnes étaient rasées ?...

M. Edgar Quinet. — Or, que voyons-nous dans le suffrage universel établi en 1848 ? Où a-t-on fait un effort pour affirmer, consacrer le droit inaliénable des villes ?... Le législateur de 1848 n'y a pas songé.

Plusieurs membres. — Il a bien fait !

M. Edgar Quinet. — Comment s'étonner, après cela, que le suffrage universel ne guérisse pas, en un moment, toutes nos plaies ?

Le suffrage universel n'a pas jailli tout armé de l'année 1848; il n'est pas arrivé, en un moment, à sa perfection. Le suffrage universel, comme toute chose, est susceptible d'améliorations, de progrès : c'est un de ces progrès que je demande à l'Assemblée de lui faire accomplir. Depuis vingt-trois ans, le suffrage universel est immuable : je demande à l'Assemblée de lui faire faire un pas...

Quelques membres. En arrière !

M. Edgar Quinet. — ...Dans la vérité, dans l'équité ; et quand je demande que le droit des villes, leur esprit, leurs intérêts soient consacrés, je ne méconnais pas pour cela les droits des campagnes...

Voix diverses. — Ah ! c'est heureux !

M. Edgar Quinet —... Mais je maintiens qu'il est contraire à l'équité que l'un de ces droits efface, annihile les autres.

Les villes ont eu une part immense dans cette œuvre que nous appelons la France...

Quelques membres. — Les campagnes n'en ont donc eu aucune ?

M. Edgar Quinet. — ... Elles sont des foyers d'activité et de travail.

Sur plusieurs bancs. — Les campagnes ne travaillent donc pas ?

M. Edgar Quinet. — Lorsque ces centres d'activité n'ont pas leur part dans la représentation, alors que, par l'incurie du législateur, leurs places sont vides dans cette enceinte, je dis qu'il y a, par cela même, une cause de trouble dans le fond même de la loi ; et c'est là, assurément, une des causes qui ont contribué le plus à stériliser nos efforts et nos résolutions. Les villes ne sont pas seulement des lieux où sont parqués un certain nombre d'habitants ; elles ont des intérêts particuliers, des traditions, une histoire ; elles sont, avant tout, des personnes civiles, des unités vivantes formant des éléments spéciaux. Si donc elles sont effacées de la carte politique, il y a un vide qui éclate à tous les yeux ; le suffrage universel en est profondément altéré. Tous les traits vivants de la France ne se retrouvent plus dans la représentation ; c'est une copie qui ne ressemble plus exactement à l'original.

Un mot expliquera ma pensée.

Un sculpteur qui se contenterait de prendre un bloc de marbre et de l'étaler sur la place publique ne ferait pas pour cela une œuvre d'art. Il faudrait encore qu'il tirât des profondeurs de la pierre, une figure, des traits, une physionomie, un corps, une personne ; à ce prix seulement vous reconnaîtriez l'artiste et vous diriez : Voilà une œuvre d'art ! De même pour le législateur : il ne suffit pas qu'il jette le suffrage universel, en bloc, sur la place publique. Il ne fait là qu'une ébauche ; il faut encore qu'il fasse sortir de cette ébauche confuse ce qui appartient à toute organisation, et je veux dire ici les formes de la société qu'il s'agit de représenter.

Messieurs, ce que je viens d'établir n'est point fondé sur un vain désir d'innovation, mais sur la force, la raison des choses. Cela est si vrai, que les peuples qui sont restés étrangers aux révolutions, mais qui ont conservé le pouvoir municipal, ont consacré dans leurs lois électorales le respect de la personnalité politique des villes.

Je me contenterai de citer l'Angleterre, la Suède, une partie de l'Allemagne.

L'Angleterre consacre le vote de ses villes savantes, elle assure le suffrage de ses universités.

Quelques voix. — Et les bourgs pourris?

Autres voix. — L'Angleterre n'a pas le suffrage universel!

M. Edgar Quinet. — Des villes anglaises avaient, il y a des siècles, le droit de représentation. Elles ont perdu leur importance, leur industrie, une partie de leurs habitants. Elles sont devenues des bourgs; et pourtant le droit de représentation est resté si vivace, si robuste, qu'il s'est attaché à ces bourgs, à ces débris, à ces ruines; rien n'a pu l'en extirper.

Chez nous, c'est l'exemple opposé. Les villes ont prospéré; leur population a doublé, a quintuplé; leurs intérêts se sont multipliés. Cependant, elles n'ont pu acquérir dans toute sa plénitude le droit de représentation, puisqu'il peut toujours être enlevé par une majorité qui leur est étrangère.

Entre les bourgs anglais et les villes de France, il s'agit de trouver un tempérament.

La proposition que j'ai l'honneur de vous soumettre a pour but d'établir ce tempérament dans la loi.

En Suède, on groupe plusieurs villes dans une même circonscription. En Wurtemberg, la plupart des villes importantes ont leur droit inaliénable de représentation. Stuttgard, Tubingue, Ulm et tant d'autres ont leur droit de représentation : ces villes sont considérées comme des personnes civiles, auxquelles on ne peut enlever ni leur droit, ni leur personnalité politique.

Je ne dirai qu'un mot de l'Espagne. Grâce à ses souvenirs municipaux, l'Espagne a pu faire un grand pas. Ses villes imprtantes, ses chefs-lieux de province qui correspondent à nos chefs-lieux de département, nomment leurs députés. Saragosse, Barcelone, Grenade et tant d'autres, qui ont fait en grande partie l'Espagne, ne pouvaient être absentes d'une assemblée espagnole.

Voilà pour l'étranger. Quant à nous, nous recherchons encore quelles sont les causes qui nous ont empêchés d'organiser le suffrage universel sur le plan de la réalité : hâtons-nous d'y rentrer.

On a toujours dit que le meilleur moyen de terminer les guerres civiles, c'est de faire un pas dans la justice.

M. Antonin Lefèvre-Pontalis, *rapporteur.* — Je demande la parole.

M. Edgar Quinet. — Or, qu'y a-t-il de plus juste que ce que je demande?

M. Peltereau-Villeneuve. — Je demande la parole.

M. Edgar Quinet. — Faisons cesser la contradiction qui existe entre la société française et la loi électorale; rendons aux principaux organes de la civilisation française le droit inaliénable de se produire dans la représentation de tous. Ne réduisons pas ce droit à l'apparence en le submergeant sous un vote étranger. Concilions les villes et les campagnes en conciliant les droits des unes et des autres. Ainsi nous ferons entrer l'ordre et la paix dans la loi: vrai moyen de faire entrer l'ordre et la paix dans la société française.

Je termine par quelques mots sur les objections qui nous ont été faites.

On a dit: Cette proposition de loi suppose une refonte complète du système électoral. A cela je réponds: La proposition a été conçue en des termes si mesurés qu'elle peut facilement s'adapter au mécanisme de la loi électorale actuelle.

Mais, dit-on, ce chiffre de 35,000 devrait être porté à 50,000.

Si l'on accepte le principe, ce n'est pas le chiffre qui fera la difficulté; du moins ce n'est pas moi qui élèverai sur ce point-là des obstacles.

On dit encore: La proposition excite l'antagonisme entre les villes et les campagnes.

Tout au contraire, l'antagonisme existe aujourd'hui

parce que les villes et les campagnes se disputent une même représentation. Mais si les villes avaient leurs députés, et les campagnes les leurs, il n'y aurait plus ni vainqueurs ni vaincus dans l'arène électorale; l'antagonisme disparaîtrait.

Autre objection tirée cette fois du principe d'égalité : ce serait, dit-on, un privilége pour les villes.

Mais quoi ! si l'on accepte le chiffre de 50,000, où est le privilége ?

Trop souvent, messieurs, l'égalité chez nous se dresse quand il s'agit d'éconduire la liberté. Toutes les fois que cela arrive, je me défie de cette égalité ; je crois que c'est une égalité factice.

On poursuit : Les villes de 35,000 âmes, qu'en faites-vous ?

J'avais d'abord songé à les faire entrer dans la proposition ; avec le désir de simplifier, je me suis arrêté à une limite. La proposition que nous faisons est juste ; elle n'est pas toute la justice. Si quelqu'un veut aller au-delà de ce que je propose, certes je ne m'y opposerai pas ; mais parce que les termes du projet de loi sont mesurés, ce n'est pas là une raison de le repousser.

Enfin, messieurs, permettez-moi de terminer par ces mots : quoi qu'il arrive, j'ai la conviction assurée que les principes que je viens d'exposer entreront tôt ou tard dans notre législation. Je crois fermement que l'avenir et la régénération de notre pays sont là. (Mouvements en sens divers.)

XI

LA LOI DÉPARTEMENTALE (1).

Versailles, 31 juillet.

Dans la mêlée de la discussion sur la loi départementale, les partis ont plus d'une fois changé leurs principes. J'ai écouté, avec le seul désir de trouver la vérité, l'exposition des systèmes qui se sont combattus devant nous. Je vais chercher en quoi l'expérience de notre passé peut nous orienter aujourd'hui.

Dans l'ancien régime, l'intendant provincial était l'artisan de l'absolutisme ; il faisait rayonner partout la servitude. C'est par lui que s'est accompli le vide dans les provinces.

(1) Cette loi se présentait, à l'origine, avec une double face. En l'appliquant, la France en a fait une loi républicaine. L'esprit public a corrigé l'institution.

La révolution arrive. Quel est son premier acte? Renverser l'intendant, personnification de l'ancien despotisme; lui substituer des assemblées provinciales, départementales. Par elles, la vie se répand dans les villes, les hameaux; l'esprit public se développe. Sous le règne de la constituante, de la Législative, de la Convention, du Directoire, l'administration des départements est dans la main d'assemblées électives départementales. Voilà le trait distinctif, la tradition de la révolution française, aussi longtemps qu'elle échappe au pouvoir d'un seul.

Le 18 brumaire apparaît, puis le consulat, puis l'empire, c'est-à-dire la restauration de l'absolutisme. Quelle est sa première œuvre? La restauration de l'intendant de Louis XIV, sous le nom du préfet de Napoléon. Le génie césarien de Napoléon se montre tout entier dans cette création du préfet de l'empire. Il l'a marquée de son sceau; l'art d'asservir les hommes ne peut être porté plus loin. Avec cette institution napoléonienne, le silence, l'écrasement de toute volonté recommencent dans les départements, au lendemain de la révolution, comme dans les provinces de l'ancien régime. Cette main de fer, étendue sur chaque point du territoire, façonne tout sous un joug égal. Si quelque chose m'a frappé dans ma vie, c'est la stupeur, la servilité de nos provinces de France, rejetées brusquement en pleine servitude par le despotisme improvisé du premier consul et de l'empereur. Ce phénomène d'étouffement va partout, grandissant avec l'autorité du préfet ; seul il parle, il agit, il vit à la place de quatre cent mille ombres. Napoléon est tombé. La main de fer est restée, elle pèse encore sur les provinces.

Que conclure de là ? Que pour faire cesser l'étouffement, il faut retirer la main, diminuer l'autorité centrale, qui empêche la vie publique dans chacun des départements de France ;

Que pour échapper à la puissance de l'ancien régime, prolongé sous l'empire, il faut se soustraire à la domination administrative du préfet, en qui revit l'intendant ;

Que pour ressaisir la tradition vivante de 89, de la constituante et de la révolulion française, il faut ramener l'administration départementale sous le contrôle électif des administrés. Là est le fil pour sortir du labyrinthe.

Oui, sans doute, rien de plus vrai. L'évidence est faite sur ce point, et si la loi qui nous est proposée s'inspirait de ce même esprit de décentralisation dans toutes ses parties, notre tâche serait aisée. Nous accepterions volontiers de répandre la vie publique sur toute la surface de la France.

Mais voyez la difficulté. A peine entrée dans cette voie, la loi départementale nous offre un esprit tout différent, comme si elle était faite pour se détruire elle-même. Nous nous attendions à voir le plus grand nombre possible de citoyens français appelés à la gestion de leurs affaires. Au lieu de cela, tout aboutit à une commission départementale de sept membres ; et, avec une rare habileté, on fait de cette commission administrative une sorte de conseil des Dix du département.

Car les conseils généraux sont choisis pour neuf ans, ce qui répugne à toute notion de démocratie, la condition la plus élémentaire de ce genre de gouvernement étant d'abréger le temps des magistratures électives.

S'il s'agit, comme on le dit, de former des hommes, il est trop évident qu'en maintenant au pouvoir les mêmes hommes pendant neuf ans, on empêche l'activité de ceux qui pourraient leur succéder. On rentre ainsi dans la centralisation par la loi même qui devait nous en faire sortir.

D'ailleurs les conseillers, après neuf ans, seront-ils encore l'expression exacte de la masse des électeurs ?

Il faudrait pour cela que l'esprit public fût immobile. La plus simple observation nous dit qu'au sortir d'une longue servitude, il faut retremper les élus dans l'opinion publique par des élections nouvelles ; sinon, l'inertie d'où nous essayons de sortir tiendra à se perpétuer sous le nom d'esprit de corps.

Autre disposition qui achève de dénaturer le caractère de la loi : les fonctions dans la commission départementale seront gratuites, c'est-à-dire qu'elles ne seront accessibles qu'aux riches.

Par là sont exclus de la gestion des affaires publiques tous les hommes de la classe moyenne, tous ceux qui, par le travail de chaque jour, sont le plus intéressés à porter un regard attentif sur chaque détail de l'administration et à maintenir les dépenses dans le cercle de la nécessité.

Enfin le conseil général ainsi formé est destiné à tenir les communes en tutelle. Si la vie publique doit renaître en France, c'est assurément par les communes, et ce sont elles que le projet de loi asservit. Il est donc vrai qu'il tarit la vie publique en sa source ; il fait pénétrer à la base de la société française l'esprit qu'elle repousse le plus, je veux dire l'esprit d'oligarchie et d'inégalité.

Nous voulons, nous appelons la régénération de la France. Mais voyez quelle doit être la perplexité d'un homme impartial en face de cette loi. Elle porte en elle deux esprits absolument différents, qui se combattent à outrance. Elle prétend décentraliser, et, pour ma part, je serais prêt à la suivre dans ce chemin ; mais, d'un autre côté, elle défait ce qu'elle vient de faire. Elle annonce un progrès au profit du grand nombre, elle conclut au profit de quelques-uns.

Qu'est-ce donc que la décentralisation, si ce n'est l'expansion de la vie publique, la participation du plus grand nombre possible à l'œuvre commune, à la gestion des intérêts de tous ?

Or, la décentralisation, telle qu'on nous l'offre,

aboutit à une étroite oligarchie, à une plutocratie rurale, c'est-à-dire à une décentralisation nouvelle, pire peut-être que celle à laquelle nous voulons échapper.

Est-ce donc qu'en France nous ne pourrons jamais que poser de grands principes et les détruire dès qu'il s'agit de les appliquer ?

La décentralisation, comme la liberté, ne doit-elle être pour nous qu'une amorce pour nous attirer dans le filet d'une pire centralisation et d'une pire servitude ?

J'ai montré les deux esprits opposés qui s'entre-détruisent dans la loi : le premier est notre cause même, le second est notre ennemi implacable. Que pouvons-nous, que devons-nous faire ? Grande question, où les meilleurs esprits peuvent être partagés. Accepterons-nous ces deux principes opposés en acceptant la loi ? Mais c'est nous résigner à une lutte pleine d'embûches et dont personne ne prévoit l'issue. Les repousserons-nous tous deux en repoussant la loi ? Mais c'est rejeter notre principe, parce que l'habileté de nos adversaires l'a lié au principe ennemi.

Pour décider la question, il faut s'élever plus haut. Or, de tout ce que j'ai dit, résulte pour moi une vérité évidente. Cette vérité, la voici : la loi, telle qu'elle est proposée, est faite pour la monarchie ; elle s'adapte naturellement à la monarchie, Elle est conçue dans l'esprit de la monarchie, elle répugne profondément à la République.

Tout est préparé, dans cette loi civile, pour servir au gouvernement monarchique : exclusion du grand nombre, pouvoir concentré dans quelques-uns, magistratures électives à longs termes. Ce sont bien là les conditions ordinaires, nécessaires de la royauté ; il n'y a plus qu'à poser sur cette base civile l'édifice politique d'une dynastie.

Mais ces conditions excluent la République ; sur cette loi civile ainsi formée d'éléments monarchiques, vous ne pouvez fonder un établissement républicain.

C'est là aussi ce qui, après une longue délibération, me détermine à repousser la loi, telle qu'elle nous est présentée. Pour que nous puissions l'accepter, il faudrait que l'on en retranchât les dispositions, qui sont comme une pierre d'attente à un établissement monarchique, et un obstacle formel à un établissement démocratique et républicain, dans lequel la France d'aujourd'hui voit son salut et sa régénération.

XII

PROPOSITION DE DISSOLUTION DE L'ASSEMBLÉE (AU NOM DE L'UNION RÉPUBLICAINE).

30 août 1871.

M. LE PRÉSIDENT. — Personne ne réclame le vote?... Le scrutin est clos.

Il va être procédé au dépouillement.

M. EDGAR QUINET. — Je demande la parole pour le dépôt d'une proposition... (Interruption et bruit.)

Voix diverses. — Non ! non ! — Après le scrutin.

M. EDGAR QUINET. — Soit, j'attendrai que le scrutin ait été proclamé.

M. LE PRÉSIDENT. — M. Quinet a demandé la parole pour présenter à l'Assemblée une proposition en faveur de laquelle il désire réclamer la déclaration d'urgence. (Exclamations et rumeurs à droite et au centre.)

M. TOUPET DES VIGNES. — Mais on n'interrompt pas une discussion, surtout une discussion de cette importance, par le dépôt d'une proposition.

M. Edgar Quinet. — J'ai l'honneur de déposer sur le bureau de l'Assemblée, au nom de plusieurs de mes collègues et au mien, une proposition de loi tendant à la dissolution de l'Assemblée actuelle et à la convocation d'une Assemblée nouvelle.

Je prie l'Assemblée de me permettre, pour justifier la déclaration d'urgence que je sollicite auprès d'elle, de lui donner lecture des considérants qui précèdent cette proposition... (Bruit.)

« Considérant que le seul souverain est la nation, et que l'Assemblée nationale n'est que dépositaire de la souveraineté dans la limite de son mandat... »

Sur plusieurs bancs. — On n'entend pas!

M. Edgar Quinet. — Si vous voulez m'écouter, vous m'entendrez.

« Considérant qu'il est d'autant plus nécessaire d'affirmer ces principes qu'ils semblent niés par le rapport lu et déposé dans la séance du 28 août, au nom de la commission chargée d'examiner les propositions Rivet, Anet et Belcastel ;

« Considérant que les pouvoirs de l'Assemblée se trouvent nettement déterminés par le caractère même de son origine ; que l'Assemblée n'a été convoquée et nommée que pour se prononcer sur la question de savoir si la guerre devait être continuée ou à quelles conditions la paix devait être faite ;

« Considérant que les élections du 2 juillet ont

affirmé avec une force nouvelle la volonté du pays de retenir l'exercice de son pouvoir souverain ;

« Considérant, dès lors, que le mandat de l'Assemblée sera pleinement accompli aussitôt que les lois de finances se rattachant au traité de paix auront été votées ;

« Considérant que le pays a besoin de calme... » (Exclamations diverses) « pour réparer ses désastres, reconquérir sa prospérité et remplir, dans le plus bref délai possible, les lourdes obligations que lui impose le traité de paix ;

« Considérant que l'occupation par la Prusse d'une partie de notre territoire ajoute aux motifs qui font de la stabilité une nécessité impérieuse ;

« Considérant que la multiplicité des projets présentés pour organiser le provisoire démontre la nécessité de pourvoir, sans retard, à une organisation définitive de la République, seul moyen de mettre un terme aux prétentions rivales des partis, de rassurer les intérêts et de hâter la reprise des affaires ;

« Les soussignés, membres de l'Assemblée nationale, proposent les résolutions suivantes :

« Art. 1er. — Une Assemblée nouvelle sera élue le troisième dimanche de janvier 1872 et réunie le 25 du même mois.

« Art. 2. — En conséquence, l'Assemblée nationale sera dissoute le jour fixé pour la réunion de l'Assemblée nouvelle.

« Art. 3. — M. Thiers, président de la République française, pourvoira à l'administration générale du pays, jusqu'à la réunion de l'Assemblée nouvelle, à laquelle il remettra ses pouvoirs.

« Art. 4. — Les élections se feront conformément aux dispositions de la loi du 15 mars 1849, modifiées par les articles 7 et 8 du décret du 29 janvier 1871.

« Art. 5. — Chaque département élira le nombre de députés déterminé par le tableau annexé au décret du 15 septembre 1870. » (Très bien ! très bien ! à gauche.)

Signé : Edgar Quinet, L. Gambetta, Louis Blanc, Charles Boysset, Corbon, Clément Laurier, Daumas, Dréo, Brousses, Dupuy, Boucault, Escarguel, Millaud, Loustalot, Ferrouillat, Ganault, Naquet, Greppo, Tardieu, Tiersot, Joigneaux, Lherminier, Ordinaire, Testelin, Rouvier, Farcy, Peyrat, Lepère, Brisson, Rathier, Laurent Pichat, Edmond Adam, Henri Lefèvre, Taberlet, Tolain, Gent, Henri de Lacretelle, J. Cazot, Allemand, Schœlcher, Scheurer-Kestner, Brelay, Martin Bernard, Langlois, Colas, Castelnau, Arrazat, Chavassieu, Sansas, Godin, Vuillermoz, Dufay, Rollin, Bloncourt, Tirard.

Plusieurs membres. — La question préalable ! la question préalable !

A gauche. — Comment ! la question préalable ?

M. Baragnon. — La question préalable peut toujours être proposée.

M. le président. — Dans une discussion, mais pas pour l'usage d'un droit.

M. le marquis de Dampierre. — Je demande la parole sur la position de la question.

M. le président. — Il n'y a pas de position de question. Veuillez, messieurs, maintenir pour tout le monde le droit qui appartient à chacun de vous. (Très bien!) Si nous supprimions le débat parce que, de part et d'autre, nous n'approuvons pas l'usage qu'on en fait, il ne resterait plus rien du droit de discussion. (C'est vrai! très bien!)

D'ailleurs, il n'y a rien d'extraordinaire dans la proposition qui vous est soumise.

Plusieurs voix. — C'est vrai!

M. le président. — M. Edgar Quinet demande la déclaration d'urgence de la proposition de loi qu'il vient de déposer.

Je consulte l'Assemblée.

(L'Assemblée, consultée, ne prononce pas la déclaration d'urgence.)

M. Lepère. — Le pays est avec nous! (Exclamations à droite et au centre.)

M. le président. — La proposition de loi de M. Edgar Quinet est renvoyée à la commission d'initiative parlementaire.

XIII

EXPOSÉ DES MOTIFS DE LA DISSOLUTION DE L'ASSEMBLÉE DEVANT LA COMMISSION D'INITIATIVE.

La proposition de dissolution n'a en soi rien d'extraordinaire. Rappeler à l'Assemblée qu'elle n'est pas immortelle, lui dire cela n'est pas dire une chose insolite.

Les considérants de la proposition s'expliquent eux-mêmes. J'y ajouterai deux motifs dont la gravité ne saurait vous échapper.

1° Il faut sortir du provisoire. Pourquoi? Parce que le provisoire est le doute absolu pour une nation.

Or, un individu peut bien jouer avec lui-même, s'amuser à douter de tout ce qui l'entoure; mais cela est mortel pour un peuple. Ne pas savoir à quel régime il appartient, ce qu'il est aujourd'hui, ce qu'il sera demain, c'est le plus grand trouble porté à la vie nationale. Il faut sortir de cet état. Point de repos possible pour une société ballottée entre la République et la Monarchie.

2° Autre considération : sortons du provisoire, si l'on veut faire de bonnes lois. Une chose est établie, c'est que chaque régime porte avec lui un certain esprit dans sa législation. Comment faire des lois, si l'on ne sait pas d'abord à quel principe de gouvernement elles se rattachent ? Seront-ce des lois républicaines ou des lois monarchiques ? Comment organiser l'armée, l'instruction publique, les finances, l'impôt, la magistrature, sans établir à quel système ces branches diverses de l'État se rapportent ?

Si les solutions sont si laborieuses, c'est qu'elles ne sont pas éclairées par le principe dirigeant, qui doit former comme l'âme de la législation. Nous bâtissons sur des sables mouvants. Pour trouver le terrain solide, faites un nouvel appel à la volonté nationale.

XIV

ANNIVERSAIRE DE LA PROCLAMATION DE LA RÉPUBLIQUE,

22 septembre 1792.

Réponse à une adresse des républicains de Pornic (Loire-Inférieure).

Je suis heureux de l'occasion que vous me donnez de fêter avec vous cet anniversaire qui a ouvert une ère nouvelle pour la France et le monde. J'ai connu le membre de la Convention qui a le premier proposé l'abolition de la royauté : c'est l'abbé Grégoire, figure pacifique et douce, avec un cœur inébranlable. Voilà l'image de l'esprit vraiment républicain.

Nous sommes ici sur la dernière grève de la France. Parlons de ce grand anniversaire au bord du grand Océan que je prends à témoin. En face de l'Amérique nous tendons la main à l'Amérique républicaine. Nous entrons à pleines voiles dans son système. Après tant de tempêtes, rien ne nous empêchera d'aborder enfin et de jeter l'ancre dans la République et dans la liberté.

Il y a quarante ans, en 1831, je commençais ma carrière politique par l'exposition de deux idées : l'une, que la Prusse travaillait jour et nuit à envahir la France ; l'autre, que de cette ruine même surgirait, comme de l'abîme, la république française (1).

Depuis cette heure, je n'ai cessé d'annoncer, de

(1) « C'est de la Prusse que le Nord est occupé à faire son instrument; et si on le laisse faire, il la poussera lentement et par derrière *au meurtre du vieux royaume de France*. (Septembre 1831. Voyez tome VI de mes Œuvres complètes : *L'Allemagne et la Révolution*, page 157.)

« Quand le temps, en marchant sans s'arrêter, trouvera la France sans lien, sans ami, que lui restera-t-il à faire qu'à la pousser *à pleines voiles dans le système et les destinées du Nouveau-Monde ?* (*Ibid.*, page 160).

« Sachons que la *cession des provinces d'Alsace et de Lorraine* saigne encore au cœur de l'Allemagne, autant que les traités de 1815 au cœur de la France.

« Chez un peuple qui rumine si longtemps ses souvenirs, on trouve cette blessure au fond de *tous les projets* et de toutes les rancunes. Arracher ce territoire à la France, voilà le *lieu commun de l'ambition nationale*. (*Ibid.*, p. 157.) »

Ces dernières lignes, écrites en 1831, sont la réponse à ceux qui répètent que les projets de l'Allemagne sur l'Alsace-Lorraine sont nés en 1870, de la chute de la monarchie en France.

préparer, autant qu'il était en moi, l'avénement de cet ordre nouveau. Où puisais-je ma confiance? Comment n'ai-je pas hésité un seul moment à redire à mes contemporains : « La République est là ! Elle approche, voyez. On peut déjà en discerner les rivages. »

Je dois vous dire sur quelle observation reposait ma certitude. Le voici : Dès 1831, je remarquais que, depuis 1792, la monarchie avait cessé d'exister. Je demandais : « Qui a vu un roi? » Personne ne pouvait me répondre.

Depuis Louis XVI, des hommes s'étaient assis un moment sur ce trône que Napoléon appelait une planche couverte de velours.

Ils en avaient été précipités et ils avaient disparu. C'était Napoléon, puis Louis XVIII, puis Charles X. Ils n'avaient fait que passer, sans laisser après eux de descendants, sur cette planche brisée. D'autres devaient plus tard s'y asseoir un moment et disparaître à leur tour dans le même écroulement.

Je me disais : Pour former une royauté, il faut un roi; et je ne trouvais que des ombres qui ne laissaient aucune trace après elles. Ce n'étaient pas même des pouvoirs viagers; leur existence royale comptait à peine quelques années. Fantômes de roi qui croulaient sur des fantômes. Mais ce n'est pas avec des simulacres que se fondent les établissements monarchiques. Il faut pour cela ce fait qui renferme la monarchie, comme le germe renferme l'arbre : il faut un homme couronné qui lègue son pouvoir à son fils. Là est le fondement de l'hérédité royale. Or, c'est là ce qui n'a pu se trouver.

La racine de la royauté a été extirpée ; le germe a été emporté par les vents. Il n'existe plus parmi nous.

Ce qui reste, ce sont des personnes errantes, qui s'appellent elles-mêmes des prétendants.

Mais suffit-il de prétendre à une chose pour la posséder ? Eux-mêmes, ils n'ont point vu de monarchie. Comment pourraient-ils la représenter ? Ils n'ont vu comme nous que des spectres de royauté. Ils ont le désir d'être rois. Voilà tout.

Ainsi la déclaration d'abolition de la royauté, en 1792, a été consacrée par l'expérience. Le décret de 1792 a été obéi par les temps qui ont suivi. Voilà quatre-vingts ans que ce décret nous gouverne. Rien n'a pu l'abolir, parce qu'il était dans la force des choses.

Ce qui était visible déjà en 1831 est devenu la lumière même, depuis que la chute de Louis-Philippe et de Louis Bonaparte s'est ajoutée à la chute de tous ceux qui avaient essayé du trône depuis 1792. Voilà l'essai loyal, l'expérience consommée. L'essai a été fait sept fois, l'expérience est complète.

On ne peut y revenir, à moins de se faire un jeu de la parole et de la pensée humaines.

Comparons la France de 1792 à la nôtre. En 92, la République existait chez nous; mais au dehors le monde ne pouvait y croire.

Les rois et les peuples étrangers lui déclarèrent la guerre dès qu'ils la rencontrèrent; c'est de là que sortirent les tempêtes.

Aujourd'hui, au contraire, le monde entier, peuples et rois, reconnaît la République française. Chose incroyable! elle n'a d'ennemis qu'en France. Non-seulement ses adversaires la combattent à l'intérieur, mais ils la nient. Ils repoussent le témoignage de leurs sens. Ils sont comme ceux que condamnait la Bible : ils ont des yeux pour ne pas voir et des oreilles pour ne pas entendre.

Chose plus étrange encore. Ils en appellent à la religion ; et ils sont en révolte ouverte contre ce qui est le premier principe de la religion, je veux dire le respect pour le jugement d'en haut. S'ils obéissaient au sentiment chrétien, ils diraient : « La monarchie a été foudroyée sept fois en moins d'un siècle, parce qu'elle était coupable envers le droit. C'était justice. Elle a disparu, parce que la main d'en haut qui la soutenait s'est retirée et l'a brisée. »

Au contraire, plus le châtiment est visible et s'appesantit sur la monarchie, plus ils l'en félicitent. C'est le renversement de tout sentiment religieux. Le système de la royauté, pris du vertige de Charles VI, fait ainsi la guerre au ciel et à la terre.

Il est en révolte, à la fois, contre la raison et la croyance.

Pour nous, il en est autrement. L'esprit républicain vit en paix avec toutes les vérités. Nous n'avons pas à lutter contre l'évidence. L'évidence est pour nous. Les faits ne nous contrarient pas, ils nous portent. Les vents ne nous sont pas opposés; ils nous poussent au port.

Ayons donc bon courage; persévérons dans ce qui est la nécessité de notre époque.

Pour moi, je l'avoue, je sens plus de commisération que de colère contre des adversaires qui abandonnent tout ce qui est aujourd'hui lumière et certitude.

Nous pouvons être patients, nous qui possédons en partie le présent, et l'avenir tout entier. Mais ceux-là peuvent se montrer irrités qui ne possèdent plus que le passé.

Le meilleur indice, c'est que la France veut être elle-même son sauveur. L'Assemblée nationale fait des lois monarchiques et la nation en tire des éléments républicains; témoin la loi départementale. Signe certain que le salut est aujourd'hui dans l'esprit de la nation.

Nous aurons encore des épreuves à traverser. On parle de divers projets que je crois dangereux : une seconde Chambre, un renouvellement partiel, un vice-président.

Mais la nation française, tant qu'on lui laissera le suffrage universel, trouvera le secret d'échapper aux piéges. D'institutions fausses, elle tirera des solutions vraies. L'esprit républicain grandit. Il ramènera les combinaisons, même les plus captieuses, à la République, non-seulement conservatrice, mais démocratique.

Après tout, nous avons un grand ami, un ami tout-puissant, le temps. Il travaille pour nous. Je sens son appui en chaque chose. Ne le calomnions pas. Il n'a pas seulement une faux pour détruire et renverser. Il sait aussi construire. C'est lui qui a édifié vos rivages, et les flots du vieil Océan n'ont pu les emporter. Il édifie de même, jour par jour, la République, qu'il fait émerger du gouffre. Les orages des vieux partis ne prévaudront pas contre elle.

Mon dernier mot sera un vœu pour ce point extrême de la France. Puissiez-vous prospérer, de père en fils, sous la garde de lois libres, sages, sincèrement républicaines !

C'est le vœu d'un ami, qui vous remercie des quelques jours de repos qu'il a trouvés parmi vous.

FIN.

TABLE

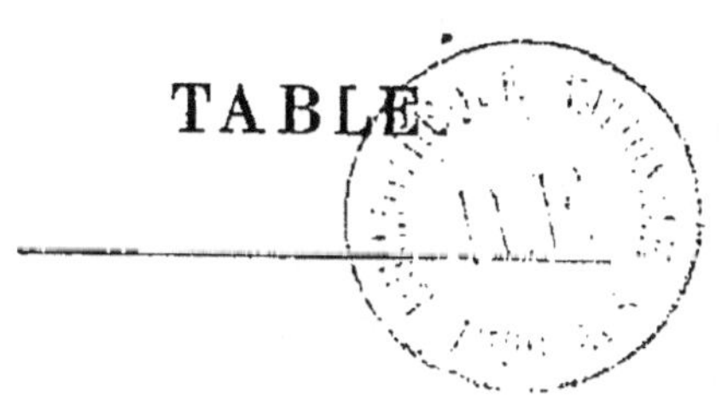

APPENDICE.

FIN DE LA TABLE.

Paris. — Imprimerie Alcan-Lévy, rue de Lafayette, 61.

www.ingramcontent.com/pod-product-compliance
Lightning Source LLC
LaVergne TN
LVHW020531230826
846091LV00002B/236

* 9 7 8 2 0 1 9 6 7 8 5 8 6 *